Fisch & Meeresfrüchte

Fisch & Meeresfrüchte

Fischfilets

11 Seeteufel auf Fenchel
13 Backfisch mit Spitzkohlsalat
15 Yin-und-Yan-Lachs in Sake
17 Lachs mit Radicchio und Mango
19 Fischröllchen in Ingwersauce
21 Matjes nach Hausfrauenart
23 Rotbarbenfilets vom Blech
25 Karamellisierte Rotbarben
27 Seelachs in Mandelkruste
29 Fisch in Chipshülle
31 Fischfilet im Bratbeutel
32 Paniertes Fischfilet ***Klassiker***
35 Schellfisch in Wassabirahm
37 Gebackene Makrele in Papier
39 Schlemmerfilet
41 Fischeintopf
42 Kochfisch in Senfsauce ***Klassiker***
45 Kabeljau in Raukesauce
47 Zanderfilet mit Oregano
49 Lachsforelle mit Spinat
51 Karpfenfilets in Pfefferteig

Ganze Fische

54 Forelle »blau« ***Klassiker***
57 Gebackene Forelle
59 Kräuterhecht aus dem Ofen
61 Gegrillter Zander mit Speck
63 Seezunge mit Wermutsauce
65 Dorade im Kräutersud
67 Meeräschen aus dem Ofen
69 Gebratene Makrele mit Dip
71 Heringe im Salzteig
73 Eingelegte Bratheringe

Spezialitäten

77 Matjes mit Spargel-Labskaus
79 Bouillabaisse
81 Lachs mit Thaispargel
83 Zitronen-Räucherlachs
84 Graved Lax mit Senfsauce ***Klassiker***
87 Fish and Chips
89 Kleine Fischfrikadellen
91 Fisch am Stiel
93 Seeteufelspieße mit Rosmarin
95 Fischgratin mit Nudeln
97 Kartoffelspieße mit Fisch
99 Kartoffeln mit Dorade
101 Lachsforelle mit Ingwer
103 Spargelrisotto mit Kaviar
105 Fischcurry mit Kokoscreme
107 Fischcurry mit Erbsen

Meeresfrüchte

111 Crabmeat mit Mango
113 Risotto mit Meeresfrüchten
115 Garnelen auf Spitzkohl
117 Sprossen-Wraps
119 Tintenfischringe mit Paprika
121 Frittierte Tintenfischringe
123 Kartoffel-Tintenfisch-Pfanne
125 Ligurischer Tintenfischsalat
127 Muscheln mit Korianderdip
128 Muscheln in Fenchelsud ***Klassiker***
131 Muscheln in Tomaten-Weinsud
133 Muscheln mit Ananas

Das große Plus

136 Warenkunde und Wissenswertes
140 Register
144 Impressum

Den Schiffbrüchigen Robinson Crusoe
stellen wir uns als einen
glücklichen Mann vor.

Einige behaupten, das lag an seiner Freiheit. Andere glauben, es lag an seiner Besitzlosigkeit. Wieder andere meinen, er hatte auf seiner Karibischen Insel einfach prima Wetter.

Wir glauben, es lag an seiner Ernährung. Der Mann hatte Zugang zu einer der ältesten und gesündesten Delikatessen der Menschheit: zu Meeresfrüchten und Fisch. Frisch, aus gesunden Beständen und eigenhändig zubereitet. So macht Fisch glücklich.

Vor allem den Koch oder die Köchin. Denn Fisch ist dankbar. Man kann ihn braten, dünsten, kochen, backen oder roh verarbeiten. Man kann das aufwendig tun oder ganz schlicht, man kann zwei Personen damit bewirten oder 20, an einem Dienstag oder am Karfreitag – nur eines kann man nicht: etwas falsch machen. Jedenfalls nicht, so lange der Fisch frisch ist.

Gleichwohl ist das Verhältnis zwischen Mensch und Fisch nicht ungetrübt. Das liegt an den Gräten. Sie nervten schon unsere Vorfahren, wovon zahlreiche Sprichwörter zeugen, sie nerven uns, sie werden immer nerven. Man kann sich ihrer aber sehr elegant entledigen. Jenen, die das beherrschen oder lernen wollen, legen wir unsere Rezepte für im Ganzen zubereiteten Fisch ans Herz. Für die anderen haben wir ein großes Filet-Kapitel vorgesehen.

Fischfilets

Fein, unkompliziert und köstlich – Fischfilet ist so etwas Ähnliches wie das »Kleine Schwarze«: Es passt immer und man hat nicht lang damit zu tun. Nur beim Essen sollten Sie sich Zeit lassen!

Seeteufel auf Fenchel

etwas teurer | für Gäste

4	**Portionen**
	Zubereitungszeit 1 Std. 15 Min.
	Garzeit 40 Min.
Pro Portion	**ca. 350 kcal, E 34 g, F 11 g, KH 27 g**

600 g	Kartoffeln
	Salz
1	Fenchelknolle (400 g)
1 Stange	Porree
150 ml	Gemüsefond (aus dem Glas)
4 Scheiben	Seeteufel (à 160 g)
Saft von ½	Zitrone
2 EL	Olivenöl
1 Bund	Kerbel
1	Bio-Zitrone
1 TL	Meersalz
	Fett für die Form

• Kartoffeln schälen und in kleine Würfel schneiden. Kartoffelwürfel in kochendem Salzwasser 5 Min. garen. In ein Sieb gießen, kalt abspülen und gut abtropfen lassen. Backofen auf 180° (Umluft 160°, Gas Stufe 3) vorheizen.

• Fenchel putzen, die äußeren Blätter eventuell entfernen, das Fenchelgrün aufheben. Fenchel abspülen, halbieren, den Strunk keilförmig herausschneiden und den Fenchel in feine Streifen schneiden. Den Porree putzen, abspülen und in dünne Ringe schneiden.

• Eine Auflaufform einfetten. Gemüse und Kartoffeln mischen und in die Form geben. Den Fond darübergießen.

• Fisch abspülen, mit Küchenkrepp trocken tupfen, leicht salzen und mit Zitronensaft beträufeln. Fisch auf das Gemüsebett legen, mit etwas Fenchelgrün bestreuen und das Olivenöl darüberträufeln. Im Ofen 35–40 Min. garen.

• Für die Gremolata Kerbel abspülen, trocken schütteln, die Blätter fein hacken. Zitrone heiß abspülen, trocken reiben und ganz dünn schälen. Zitronenschale fein würfeln oder hacken. Zitronenschale, Kerbel und Meersalz mischen. Zitrone in Spalten schneiden und mit der Gremolata zum Fisch servieren.

Backfisch mit Spitzkohlsalat

schmeckt Kindern | einfach

3 Portionen
Zubereitungszeit 45 Min.
Pro Portion ca. 480 kcal, E 27 g, F 27 g, KH 32 g

1	Ei
80 ml	Mineralwasser
80 g	Maismehl
	Salz
½	Spitzkohl (300 g)
300 g	Möhren
1	Apfel
100 g	saure Sahne
3–4 EL	Zitronensaft
	frisch gemahlener Pfeffer
	Zucker
2	küchenfertige TK-Lachsfilets (à 160 g)
etwa ½ l	Öl zum Frittieren
	Mehl zum Wenden
	evtl. dänische Remoulade

• Für den Ausbackteig das Ei in einem tiefen Teller mit einer Gabel verschlagen. Mineralwasser und Maismehl unterrühren. Die Mischung mit Salz würzen und 20 Min. quellen lassen.

• Inzwischen für den Salat die äußeren Blätter vom Spitzkohl entfernen, den Kohl halbieren und den Strunk keilförmig herausschneiden. Spitzkohl auf einer Gemüsereibe in feine Streifen reiben. Spitzkohlstreifen mit 1 TL Salz mischen und mit den Händen gut durcharbeiten.

• Die Möhren putzen und schälen. Apfel abspülen, trocken tupfen und rundherum bis auf das Kerngehäuse auf der Gemüsereibe grob reiben. Möhren ebenfalls grob reiben. Beides zum Kohl geben und mischen. Die entstandene Flüssigkeit abgießen.

• Saure Sahne dazugeben und unterrühren. Den Salat mit 2 EL Zitronensaft, Salz, Pfeffer und Zucker würzen.

• Lachsfilets kalt abspülen und mit Küchenkrepp trocken tupfen. Die Filets in 3 Stücke schneiden, mit 1–2 EL Zitronensaft beträufeln und salzen. Öl erhitzen. Fischfilets erst im Mehl, dann im Ausbackteig wenden und im Öl rundherum in 4–5 Min. goldbraun backen.

• Den Fisch mit einer Schaumkelle herausnehmen und auf Küchenkrepp abtropfen lassen. Zusammen mit Salat und eventuell Remoulade servieren.

Dazu Fladenbrot oder Baguette

Yin-und-Yan-Lachs in Sake

schnell | einfach

2	**Portionen**
	Zubereitungszeit 25 Min.
Pro Portion	**ca. 420 kcal, E 35 g, F 18 g, KH 13 g**

200 g	Möhren
200 g	Rettich
2 EL	Weißweinessig
1 EL	Öl
	Salz, frisch gemahlener Pfeffer, Zucker
je 175 g	Lachs- und Seelachsfilet
100 ml	Sake (japanischer Reiswein oder Brühe mit einigen Spritzern Zitronensaft)
50 ml	Sojasauce
300 ml	Öl zum Frittieren
25 g	Glasnudeln
	Asia-Schnittlauch (Asialaden; oder Schnittlauch)

Tipp

Frittierte Glasnudeln sind für viele asiatische Gerichte eine pfiffige Dekoration. Aber aufpassen: Die Nudeln werden im heißen Fett schnell braun und verbrennen.

• Möhren und Rettich putzen, schälen und auf der Gemüsereibe in Streifen reiben oder schneiden. Essig und Öl verschlagen und mit Salz, Pfeffer und Zucker würzen. Die Vinaigrette über das Gemüse gießen und beiseitestellen.

• Die Fischfilets abspülen, mit Küchenkrepp trocken tupfen und eventuell noch vorhandene Gräten entfernen. Bei dem Lachsfilet die bräunliche Fettschicht mit einem scharfen Messer wegschneiden. Fisch in 4 Scheiben schneiden. Die Scheiben wie Yin und Yang ineinanderlegen und mit einem gefetteten Holz- oder Metallspieß feststecken.

• Sake und Sojasauce in eine tiefe Pfanne geben und aufkochen. Den Fisch hineinlegen und bei kleiner Hitze zugedeckt 8 Min. ziehen lassen.

• Inzwischen das Öl im Wok oder in einem Topf erhitzen. Die Glasnudeln auseinander zupfen und portionsweise 1 Sek. ins heiße Fett geben. Mit einer Schaumkelle herausnehmen und auf Küchenkrepp abtropfen lassen. Möhren-Rettich-Salat mit Fisch und Nudeln anrichten und mit Asia-Schnittlauch garnieren.

Info Sake, den japanischen Reiswein, gibt es in Asialäden oder im gut sortierten Supermarkt. Er wird ähnlich wie Bier aus Wasser, Reis und Malz gebraut. Sake hat ca. 15 Vol % Alkohol und wird bei uns überwiegend zum Kochen verwendet. In Asien wird er erwärmt und aus kleinen Schälchen zum Essen getrunken.

Lachs mit Radicchio und Mango

einfach | für Gäste

4	**Portionen**
	Zubereitungszeit 40 Min.
Pro Portion	**ca. 510 kcal, E 30 g, F 33 g, KH 12 g**

1	Zitrone
4	Lachsfilets mit Haut und geschuppt (à 150 g)
250 g	Mango
1 Bund	Zitronenthymian
1	Knoblauchzehe
100 g	schwarze Oliven ohne Stein
300 g	Radicchio
2 EL	Öl
	Salz, frisch gemahlener Pfeffer
150 ml	trockener Sherry (oder Apfelsaft)
30 g	Butter

• Zitrone auspressen. Fischfilets abspülen, mit Küchenkrepp trocken tupfen und mit Zitronensaft beträufeln. Mango schälen, das Fruchtfleisch vom Stein schneiden und in dünne Scheiben oder Würfel schneiden.

• Thymianblättchen von den Stängeln zupfen. Knoblauch abziehen und fein hacken. Die Oliven in Ringe schneiden. Den Radicchio putzen, abspülen und in Streifen schneiden.

• 1 EL Öl in einer großen Pfanne erhitzen die Lachsfilets darin zuerst auf der Hautseite etwa 5 Min. braten, dann wenden und in etwa 2 Min. fertig braten. Den Lachs mit Salz und Pfeffer würzen.

• Restliches Öl in einer zweiten Pfanne erhitzen. Knoblauch darin anrösten. Mango, Oliven und Radicchio zugeben und kurz mitbraten. Sherry dazugießen und etwa 4 Min. garen. Butter einrühren (nicht mehr kochen) und mit Salz und Thymian würzen. Fisch mit der krossen Hautseite nach oben auf dem Gemüse anrichten.

Dazu Reis

Tipp **Auch die gebratene Lachshaut schmeckt wunderbar aromatisch.**

Fischröllchen in Ingwersauce

fettarm | raffiniert

3	**Portionen**
	Zubereitungszeit 45 Min.
Pro Portion	**ca. 245 kcal, E 30 g, F 7 g, KH 15 g**

2–3	Zwiebeln (120 g)
1 Stück	frischer Ingwer (ca. 1–2 cm)
1	gelbe Paprikaschote
1 EL	Rapsöl
400 ml	Gemüsebrühe
	Salz
¼ TL	Kurkumapulver
1–2 EL	Kartoffelpüreeflocken (Fertigprodukt)
1	Chinakohl (500 g)
400 g	Lengfischfilet
	Saft von ½ Limette
50 g	Frischkäse (4 % Fett)
1 Bund	Schnittlauch
1 TL	Honig
	Cayennepfeffer

• Für die Sauce Zwiebeln abziehen. Ingwer schälen. Paprika halbieren, putzen und abspülen. Alles fein hacken. Öl erhitzen, die fein gehackten Zutaten darin andünsten. Brühe, Salz und Kurkumapulver zugeben und zugedeckt 15 Min. garen. Mit dem Stabmixer pürieren und mit Kartoffelflocken verrühren.

• Vom Chinakohl die äußeren Blätter entfernen, dann 6 große Blätter abtrennen. Restlichen Chinakohl klein schneiden und in einen Dämpfeinsatz geben.

• Salzwasser in einem breiten Topf aufkochen, die Kohlblätter darin 1 Min. blanchieren. Die Blätter mit einer Schaumkelle herausnehmen, kalt abspülen, trocken tupfen und auf der Arbeitsfläche ausbreiten.

• Fischfilet in 6 Stücke teilen und mit etwas Limettensaft beträufeln. Frischkäse mit restlichem Limettensaft und Salz glatt rühren. Schnittlauch abspülen, einige Halme beiseitelegen und den Rest in Röllchen schneiden.

• Wasser im Dämpftopf aufkochen. Fischstücke trocken tupfen, salzen und auf die Kohlblätter legen. Mit etwas Frischkäse bestreichen und mit Schnittlauch bestreuen. Kohlblätter aufrollen und in den Dämpfeinsatz mit den Kohlstreifen legen. Dämpfeinsatz einsetzen, den Fisch und den Kohl zugedeckt 4–5 Min. garen.

• Ingwersauce und restlichen Frischkäse verrühren und mit Salz, Honig und Cayennepfeffer abschmecken. Mit Fischröllchen und Kohl anrichten und mit Schnittlauchhalmen garnieren.

Dazu Kartoffelpüree

Tipp **Lengfisch gehört neben Kabeljau zu den fettärmsten Fischsorten.**

Matjes nach Hausfrauenart

einfach | für Gäste

4	**Portionen**
	Zubereitungszeit 30 Min.
	Marinierzeit 3 Std.
Pro Portion	**ca. 545 kcal, E 21 g, F 46 g, KH 10 g**

8	milde Matjesfilets
1	kleine Gemüsezwiebel
2	kleine säuerliche Äpfel
1	Gewürzgurke
200 g	Sahne
200 g	saure Sahne
100 g	leichte Mayonnaise
½ Bund	Dill

• Die Matjesfilets kalt abspülen und mit Küchenkrepp gut trocken tupfen. Die Zwiebel abziehen und in dünne Ringe schneiden. Die Äpfel abspülen, trocken reiben und die Kerngehäuse mit einem Apfelausstecher ausstechen. Die Äpfel in Scheiben schneiden. Die Gewürzgurke ebenfalls in Scheiben schneiden.

• Sahne, saure Sahne und Mayonnaise zu einer glatten Sauce verrühren. Alle vorbereiteten Zutaten in eine Schüssel schichten, mit der Sahnesauce begießen und abgedeckt mindestens 3 Std., besser über Nacht, in den Kühlschrank stellen.

• Den Dill abspülen, trocken schütteln, fein schneiden und kurz vor dem Servieren über die Matjesfilets streuen.

Dazu Petersilienkartoffeln und grüne Bohnen mit Speck

Tipp **Für die Herstellung von Matjes werden Heringe im Mai und Juni gefangen. Dann sind sie besonders fett (bis zu 15 % Fettgehalt im Fleisch), haben aber noch keinen Rogen oder Milch. Mit Enzymen und etwas Salz reifen die Filets einige Wochen, wodurch der Matjes seinen einmaligen Geschmack erhält.**

Rotbarbenfilets vom Blech

einfach | für Gäste

4	**Portionen**
	Zubereitungszeit 30 Min.
Pro Portion	**ca. 290 kcal, E 23 g, F 20 g, KH 3 g**

4 EL	Olivenöl
8	Rotbarbenfilets mit Haut (à 60 g; oder andere kleine Fischfilets)
1	Bio-Zitrone
2	Knoblauchzehen
	Salz, frisch gemahlener Pfeffer
100 g	schwarze Oliven ohne Stein

- Den Backofen auf 200° (Umluft 180°, Gas Stufe 4) vorheizen. Ein Backblech dünn mit etwas Olivenöl bestreichen. Die Fischfilets abspülen und mit Küchenkrepp trocken tupfen. Filets mit der Hautseite nach unten auf das Blech legen.
- Die Zitrone heiß abspülen, trocken reiben und in 8 Scheiben schneiden. Den Knoblauch abziehen und fein hacken.
- Die Filets mit Salz und Pfeffer würzen, den Knoblauch darüberstreuen und die Zitronenscheiben darauflegen. Die Fischfilets mit dem restlichen Olivenöl beträufeln.
- Im Backofen etwa 12–15 Min. backen. Das Backblech herausnehmen. Zum Servieren die Oliven über die Filets streuen.

Dazu Baguette oder Fladenbrot

Tipp **Rotbarben sind feine Speisefische, die überwiegend aus dem Mittelmeerraum kommen. Die kleinen Fische haben grätenarmes aromatisches Fleisch. Besonders beliebt sind auch die Streifenbarben. Kleine Fische dieser Art werden besonders gerne unausgenommen gebraten oder gegrillt. Das ist möglich, weil diese Fische keine Galle haben, deren Flüssigkeit den Geschmack verderben könnte.**

Karamellisierte Rotbarben

raffiniert | für Gäste

3	**Portionen**
	Zubereitungszeit 50 Min.
Pro Portion	**ca. 520 kcal, E 34 g, F 16 g, KH 60 g**

400 g	mehlig kochende Kartoffeln
800 g	Knollensellerie
	Salz
3–4	Saftorangen (1/4 l Saft)
60 g	brauner Zucker
6	Rotbarbenfilets mit Haut (à 70 g; evtl. TK)
20 g	Butterschmalz
200 ml	Milch
20 g	Butter
	frisch geriebene Muskatnuss
	frisch gemahlener Pfeffer
	etwas kandierte Orangenschale oder 1 Bio-Orange

• Für das Püree Kartoffeln und Sellerie schälen, abspülen und grob würfeln. Beides knapp mit Salzwasser bedeckt 20 Min. bei mittlerer Hitze kochen.

• Inzwischen für den Fisch die Orangen auspressen. Zucker in einem Topf mit schwerem Boden bei starker Hitze goldbraun karamellisieren lassen. Orangensaft dazugießen (Vorsicht es dampft und spritzt) und unter Rühren etwa 10 Min. dickflüssig einkochen lassen, bis sich der Zucker gelöst hat.

• Die Rotbarbenfilets abspülen, trocken tupfen und leicht salzen. Butterschmalz erhitzen, die Filets darin von jeder Seite kurz anbraten. Mit Orangen-Karamell begießen und einmal aufkochen.

• Die Kartoffeln abgießen und auf der ausgeschalteten Herdplatte abdampfen lassen. Milch und Butter dazugeben und mit dem Kartoffelstampfer zu Püree zerstampfen. Mit Salz und Muskat abschmecken. Das Püree anrichten. Die Fischfilets pfeffern und darauflegen.

• Kandierte Orangenschale in Streifen schneiden (Tipp!) oder die Bio-Orange heiß abspülen und die Schale dünn abschälen. Fisch und Püree mit kandierter oder frischer Schale garnieren.

Tipps **Wer das Püree sehr fein mag, kann es durch ein Sieb streichen.**

Zur Weihnachtszeit bieten viele Delikatessengeschäfte kandierte Orangen- und Zitronenschalen in großen Stücken an. Ihr Geschmack ähnelt dem von Orangeat und Zitronat.

Seelachs in Mandelkruste

raffiniert

2	**Portionen**
	Zubereitungszeit 45 Min.
Pro Portion	**ca. 490 kcal, E 35 g, F 30 g, KH 17 g**
5	Softaprikosen
1	Bio-Orange
2	Orangen
1 Zweig	Thymian
2	Seelachsfilets (à 150 g)
	Salz, frisch gemahlener Pfeffer
2 EL	Sherry (oder Apfelsaft)
1	Ei
1 EL	Mehl
60 g	Mandelblättchen
2 EL	Öl
100 ml	Brühe
1 EL	Sahne
	evtl. heller Saucenbinder
1 TL	Zucker

- Backofen auf 150° (Umluft 130°, Gas Stufe 1–2) vorheizen. Aprikosen klein schneiden. Bio-Orange heiß abspülen und trocken tupfen, die Schale abreiben und beiseitestellen. Bio-Orange so schälen, dass auch die weiße Haut entfernt ist. Die Fruchtfilets herausschneiden. Restliche Orangen auspressen.
- Thymian abspülen, trocken schütteln und die Blättchen abzupfen. Fischfilets mit Salz und Pfeffer würzen und mit Sherry beträufeln. Das Ei in einem tiefen Teller mit einer Gabel verschlagen. Mehl und Mandelblättchen jeweils auf einen Teller geben. Filets nacheinander in Mehl, Ei und Mandelblättchen wenden.
- Öl erhitzen, die Fischfilets darin bei mittlerer Hitze von jeder Seite in 4 Min. knusprig braten. Im Backofen abgedeckt warm halten.
- Orangensaft und Brühe zum Bratfett gießen und aufkochen. Aprikosen, Orangenschale, Thymianblätter und Sahne dazugeben und etwa 2–3 Min. kochen lassen. Eventuell mit Saucenbinder andicken. Orangenfilets dazugeben, die Sauce mit Salz, Pfeffer und etwas Zucker abschmecken und zum Fisch servieren.

Dazu Reis

Fisch in Chipshülle

einfach | schmeckt Kindern

2	**Portionen**
	Zubereitungszeit 1 Std.
Pro Portion	**ca. 565 kcal, E 37 g, F 22 g, KH 49 g**

350 g	kleine neue Bio-Kartoffeln
	Salz
300 g	Seelachsfilet
3 EL	Zitronensaft
30 g	gebackene Kartoffelchips
1	Ei
2 EL	Mehl
2 EL	Öl
150 g	Kirschtomaten
1 Stängel	glatte Petersilie
1	Limette
1 EL	rotes Pesto (aus dem Glas)

• Die Kartoffeln abspülen und in Salzwasser 20 Min. kochen. Inzwischen die Fischfilets abspülen, mit Küchenkrepp trocken tupfen und mit Zitronensaft beträufeln. Mit Salz würzen.

• Die Kartoffelchips grob zerbröseln und in einen tiefen Teller geben. Das Ei in einem zweiten tiefen Teller mit einer Gabel verschlagen. Das Mehl ebenfalls in einen tiefen Teller geben. Die Fischfilets nacheinander in Mehl, Ei und Chipsbrösel wenden. Das Öl in einer Pfanne erhitzen, die Fischfilets darin von beiden Seiten jeweils 3 Min. braten.

• Für den Salat die Kartoffeln abgießen und halbieren. Die Kirschtomaten abspülen und halbieren. Petersilie abspülen, trocken schütteln und die Blätter fein hacken. Die Limette halbieren. Petersilie, Kartoffeln und Tomaten mit dem Pesto verrühren und mit den Fischfilets anrichten. Die Limettenhälften dazulegen.

Tipp Die Chipshülle eignet sich nicht nur für Fisch. Auch Hähnchen- oder Schweineschnitzel sind gut darin verpackt. Wichtig, die Brattemperatur darf nicht zu hoch sein, damit die Brösel nicht verbrennen.

Fischfilet im Bratbeutel

einfach | preiswert

2	**Portionen**
	Zubereitungszeit 1 Std. 10 Min.
Pro Portion	**ca. 260 kcal, E 43 g, F 2 g, KH 15 g**

1	Seelachsfilet (400 g)
½	Bio-Zitrone
150 g	kleine Möhren
350 g	Kohlrabi
100 g	Zuckerschoten
1	Zwiebel
2 Stängel	Petersilie
4 Stängel	Dill
	Salz, frisch gemahlener Pfeffer

- Den Backofen auf 180° (Umluft 160°, Gas Stufe 3) vorheizen. Den Fisch abspülen, trocken tupfen und eventuell noch vorhandene Gräten mit einer Pinzette entfernen. Zitrone heiß abspülen, trocken reiben und in Scheiben schneiden.
- Möhren und Kohlrabi putzen und schälen. Die Möhren in Stifte und den Kohlrabi in Scheiben schneiden. Die Zuckerschoten putzen und abspülen. Zwiebel abziehen und in Scheiben schneiden. Die Kräuter abspülen und trocken schütteln.
- Das Fischfilet mit Salz und Pfeffer würzen und mit Zitronenscheiben und Kräutern belegen. Gemüse in den Bratbeutel geben, dabei darauf achten, dass die Schweißnaht des Beutels oben ist. Den Fisch auf das Gemüsebett im Beutel legen.
- Die Enden des Brautbeutels mit den Schlaufen verschließen. Den Bratbeutel einstechen, damit der Dampf entweichen kann, und auf den kalten Rost des Backofens legen. Den Fisch im vorgeheizten Backofen etwa 20 Min. backen.

Dazu Kartoffelpüree

Tipp **Im Bratbeutel bleibt der Fisch schön saftig und trocknet nicht aus – und der Backofen bleibt sauber.**

Klassiker

Paniertes Fischfilet

Alle Fischstäbchen aufgepasst: Mit diesem Rezept gibt es ernst zu nehmende Konkurrenz. Vorausgesetzt alle Gräten sind vor dem Braten aus dem frischen Filet verbannt.

2	**Portionen**
	Zubereitungszeit 20 Min.
Pro Portion	**ca. 440 kcal, E 36 g, F 19 g, KH 36 g**

2	Fischfilets (à 180 g; z. B. Seelachs oder Pangasius)
	Zitronensaft
	Salz, evtl. frisch gemahlener Pfeffer
1	Ei
2–3 EL	Mehl
3–4 EL	Semmelbrösel
	Fett zum Frittieren
	Zitronenspalten und Dill zum Anrichten

- Fischfilets abspülen und mit Küchenkrepp gut trocken tupfen. Etwas Zitronensaft darüberträufeln und mit Salz und eventuell Pfeffer würzen.
- Ei in einen tiefen Teller geben und mit einer Gabel verschlagen. Mehl und Semmelbrösel ebenfalls auf jeweils einen Teller geben.
- Fischfilets zuerst in Mehl wenden und das überschüssige Mehl abklopfen. Die Filets dann durch das Ei ziehen und abtropfen lassen (Step 1). Den Fisch schließlich in Semmelbröseln wenden und die Brösel leicht andrücken.
- Fett etwa 2 cm hoch in eine große Pfanne geben und erhitzen. Die Temperatur ist richtig, wenn sich an einem in das heiße Öl getauchten Holzlöffelstiel kleine Bläschen bilden. Filets in das heiße Fett geben und von jeder Seite in 2–3 Min. goldbraun backen (Step 2).
- Fischfilets herausnehmen und kurz auf Küchenkrepp abtropfen lassen. Mit Zitronenspalten und Dill auf Tellern anrichten.

Dazu Kartoffelsalat oder -püree und frischer Blattsalat

1

2

Tipp

Nach dem Panieren die Filets nicht lange stehen lassen. Die Panade haftet am besten, wenn sie gleich ins heiße Fett kommt und gebacken wird.

Schellfisch in Wasabirahm

preiswert | einfach

4 Portionen
Zubereitungszeit 50 Min.
Pro Portion ca. 350 kcal, E 36 g, F 16 g, KH 10 g

750 g	Schellfischfilet
	Salz
1 Bund	Suppengrün
50 g	Butter
⅛ l	trockener Weißwein
400 ml	Gemüsefond (aus dem Glas)
25 g	Mehl
1	Limette
50 g	Sahne
1–2 TL	Wasabi (grüne Meerrettichpaste)
1 EL	Fischsauce (Asialaden)
je 1 Prise	Salz und Zucker, frisch gemahlener schwarzer Pfeffer
3–4 Stängel	Koriandergrün

• Fischfilet abspülen, mit Küchenkrepp trocken tupfen, mit Salz einreiben und in Portionsstücke schneiden. Suppengrün putzen, abspülen und würfeln. 20 g Butter in einem breiten Topf erhitzen, Gemüsewürfel darin andünsten. Wein und Gemüsefond dazugießen und aufkochen. Fischstücke hineinlegen und darin 6–8 Min. bei kleiner Hitze dünsten. Den Fisch vorsichtig aus dem Gemüsesud heben und warm stellen.

• Sud durch ein feines Sieb gießen. Restliche Butter in einem Topf erhitzen. Mehl darin andünsten und den Fischsud unter Rühren mit einem Schneebesen nach und nach dazugießen. Gemüsewürfel vom Suppengrün eventuell wieder zufügen. Die Sauce etwa 5 Min. bei kleiner Hitze kochen lassen. Limette auspressen. Sahne, Wasabi, Limettensaft und Fischsauce unterrühren und mit Salz, Zucker und Pfeffer abschmecken. Fisch in die Sauce geben und erwärmen. Koriandergrün abspülen, trocken schütteln und die Blätter abzupfen. Fisch anrichten und mit Koriandergrün bestreuen.

Dazu Reis oder Kartoffeln und Schneidebohnen

Tipp **Echtes »Wasabi« wird aus der Wurzel der Wasabipflanze gewonnen. Es ist höllisch scharf und mit unserem Meerrettich nicht vergleichbar. Meistens wird Wasabi als grünes Pulver, das mit Wasser angerührt werden muss, oder als Wasabipaste in der Tube angeboten. Diese Produkte werden aus weißem Meerrettich hergestellt.**

Gebackene Makrele in Papier

einfach

4	**Portionen**
	Zubereitungszeit 50 Min.
Pro Portion	**ca. 600 kcal, E 28 g, F 48 g, KH 15 g**

½ Bund	glatte Petersilie
6 Zweige	Thymian
1	Bio-Zitrone
500 g	Makrelenfilets mit Haut
1 TL	Pimentkörner
4 EL	Olivenöl
3	große Pellkartoffeln (400 g)
50 g	Oliven ohne Stein
	Salz
	etwas Zitronensaft

• Backofen auf 220° (Umluft 200°, Gas Stufe 5) vorheizen. Kräuter abspülen, trocken schütteln und die Blätter fein hacken. Zitrone heiß abspülen, trocken reiben und die Schale abreiben.

• Die Fischfilets in 2–3 cm breite Stücke schneiden. Piment im Mörser grob zerstoßen. 3 EL Olivenöl mit Zitronenschale, Piment und Kräutern verrühren. Die Paste auf den Fisch streichen und zugedeckt 15 Min. marinieren lassen.

• Inzwischen aus Backpapier vier etwa 50 cm große Quadrate schneiden und in der Mitte eine Unterteller-große Fläche mit Olivenöl bestreichen. Kartoffeln pellen und in etwa 1 cm dicke Scheiben schneiden. Oliven halbieren. Je 3 Kartoffelscheiben auf jedes Stück Papier legen und etwas salzen.

• Fischstücke und Olivenhälften auf den Kartoffeln verteilen. Papier zu Päckchen zusammendrehen und auf ein Backblech legen.

• Im vorgeheizten Backofen (unten) etwa 10–15 Min. garen. Herausnehmen, die Päckchen erst bei Tisch öffnen und den Fisch mit Zitronensaft beträufeln.

Dazu Rahmspinat

Schlemmerfilet

einfach | schmeckt Kindern

2	**Portionen**
	Zubereitungszeit 1 Std.
Pro Portion	**ca. 350 kcal, E 32 g, F 18 g, KH 14 g**

350 g	Fischfilet (z. B. Kabeljau oder Seelachs)
½	Zitrone
3	Tomaten
	Salz, frisch gemahlener Pfeffer
½ Bund	Basilikum
2 EL	weiche Butter
1 TL	scharfer Senf
2 EL	frisch geriebener Parmesan-Käse
etwa 30 g	Semmelbrösel
	Fett für die Formen

• Backofen auf 200° (Umluft 180°, Gas Stufe 4) vorheizen. Zwei kleine ofenfeste Formen einfetten. Fischfilet abspülen, mit Küchenkrepp trocken tupfen und die eventuell noch vorhandenen Gräten mit einer Pinzette entfernen. Das Filet halbieren. Zitrone auspressen und den Saft über die Filets träufeln.

• Die Tomaten abspülen und in Scheiben schneiden. Die Stielansätze dabei herausschneiden. Tomatenscheiben in die Formen legen. Je 1 Stück Fischfilet darauflegen und alles mit Salz und Pfeffer würzen. Basilikum abspülen, trocken schütteln und die Blätter fein hacken.

• Butter, Senf, Parmesan und Basilikum verrühren. So viel Semmelbrösel unterrühren, bis eine mittelfeste Paste entsteht. Die Senfpaste auf die Fischfilets streichen und alles im Backofen in 25–30 Min. goldbraun überbacken. Das Schlemmerfilet heiß in der Form servieren.

Dazu grünen Salat und Baguette oder Salzkartoffeln

Fischeintopf

raffiniert

4	**Portionen**
	Zubereitungszeit 50 Min.
Pro Portion	**ca. 245 kcal, E 35 g, F 9 g, KH 6 g**

150 g	kleine runde Schalotten
200 g	Staudensellerie
400 g	Kirschtomaten
1 EL	Olivenöl
200 ml	Fischfond (oder Brühe)
1 TL	Fenchelsaat
	Salz, frisch gemahlener Pfeffer
500 g	Fischfilet (evtl. TK)
4	Riesengarnelen mit Schale ohne Kopf
1	Zitrone
	Zucker
30 g	Parmesan-Käse

• Schalotten abziehen und halbieren. Staudensellerie abspülen und putzen, dabei eventuell die Fäden abziehen. Die Stangen schräg in Stücke schneiden. Die Tomaten abspülen, halbieren und die Stielansätze herausschneiden.

• Öl erhitzen, Schalotten darin glasig dünsten. Sellerie und Tomaten zufügen und etwa 5 Min. schmoren lassen. Den Fond und die Fenchelsaat zugeben. Mit Salz und Pfeffer würzen und zugedeckt etwa 30 Min. köcheln lassen.

• Inzwischen den Fisch und die Garnelen kalt abspülen und mit Küchenkrepp trocken tupfen. Eventuell noch vorhandene Gräten mit der Pinzette entfernen und den Fisch in mundgerechte Stücke schneiden. Garnelen aus der Schale lösen, am Rücken leicht einschneiden und den schwarzen Darm entfernen.

• Zitrone auspressen. Fisch mit Zitronensaft beträufeln und mit Salz würzen. Fisch und Garnelen auf das Gemüse legen und zugedeckt 10 Min. ziehen lassen. Mit Salz, Pfeffer und Zucker würzen. Parmesan reiben und dazuservieren.

Tipps **Schalotten mit kochendem Wasser übergießen und 1 Min. ziehen lassen. Sie lassen sich so besser abziehen.**

Fischsorten wie Lachs, Seelachs, Kabeljau und Rotbarsch eignen sich besonders gut für diesen Eintopf.

Klassiker

Kochfisch in Senfsauce

Der Fisch ist superfrisch und die Senfsauce selbstverständlich selbst gemacht. So wird das einstige klassische Freitagsessen zur feinen Spezialität – auch für Gäste.

4	**Portionen**
	Zubereitungszeit 30 Min.
Pro Portion	**ca. 360 kcal, E 32 g, F 21 g, KH 10 g**

1 Bund	Suppengrün
1 EL	Butter
	Salz
3	Lorbeerblätter
je ½ TL	Senf- und Pfefferkörner
4	Kabeljau-Koteletts (oder Schellfisch; à 160 g)
	Für die Sauce:
2 EL	Butter
40 g	Mehl
150 g	Sahne
je 1 EL	mittelscharfer und körniger Senf
	Salz, frisch gemahlener Pfeffer
3 EL	Zitronensaft

• Für den Fischsud das Suppengrün putzen, abspülen und fein würfeln. Butter in einem großen Topf erhitzen. Suppengrün darin kurz andünsten. Etwa 1 l Wasser, ¾ TL Salz, Lorbeerblätter, Senf- und Pfefferkörner dazugeben und aufkochen.

• Die Fischstücke abspülen, mit Küchenkrepp trocken tupfen (Step 1) und in den Fischsud geben. Bei kleiner Hitze etwa 10 Min. ziehen, aber nicht mehr kochen lassen. Topf vom Herd nehmen, die Fischstücke vorsichtig mit einer Schaumkelle herausnehmen und warm stellen.

• Für die Sauce den Fischfond durch ein Sieb gießen und ½ l davon abmessen. Butter in einem Topf erhitzen und das Mehl darin andünsten. Fischsud und Sahne langsam dazugießen (Step 2) und mit einem Schneebesen kräftig rühren, damit keine Klümpchen entstehen (Step 3). Die Sauce bei kleiner Hitze etwa 10 Min. kochen lassen.

• Senf in die Sauce rühren und mit Salz, Pfeffer und Zitronensaft abschmecken, nicht mehr kochen lassen. Fischkoteletts mit der Senfsauce servieren.

Dazu Salzkartoffeln oder Reis und Blattsalat

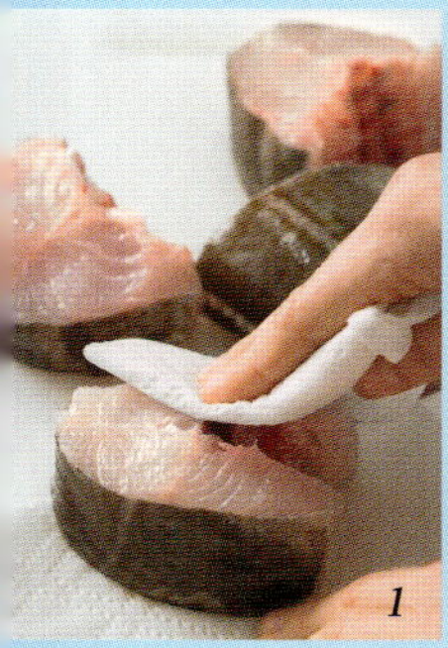

1

2

3

Tipp

Nach diesem Prinzip werden alle helle Saucen gemacht: Mehl andünsten, Flüssigkeit dazu und rühren, rühren, rühren. Wenn trotzdem Klümpchen entstehen, wird die Sauce einfach durch ein Sieb gegossen.

Kabeljau mit Raukesauce

einfach

2	**Portionen**
	Zubereitungszeit 45 Min.
Pro Portion	**ca. 315 kcal, E 29 g, F 15 g, KH 17 g**

250 g	Bundmöhren
2	Schalotten
1 EL	Öl
100 ml	Gemüsebrühe
300 g	Kabeljaufilet
1 TL	rosa Pfefferbeeren, Salz
1	Bio-Orange
15 g	Rauke
100 g	Kochsahne (15 % Fett)
	evtl. heller Saucenbinder

• Die Möhren putzen, schälen und längs halbieren, dabei etwas Grün dranlassen. Die Schalotten abziehen und fein würfeln. Das Öl in einer Pfanne erhitzen und die Schalottenwürfel darin anbraten. Möhren und Gemüsebrühe dazugeben und in der geschlossenen Pfanne bei mittlerer Hitze etwa 5 Min. dünsten.

• Den Fisch abspülen und mit Küchenkrepp trocken tupfen. Die rosa Pfefferbeeren grob zerstoßen. Den Fisch mit Salz und Pfefferbeeren würzen. Die Orange heiß abspülen, trocken reiben und etwa 1 EL Schale fein abreiben. Restliche Orangenschale samt weißer Haut abschälen. Das Fruchtfleisch in Scheiben schneiden und halbieren.

• Die Rauke verlesen, abspülen, trocken schleudern und fein hacken. Fisch und Orangenscheiben zu den Möhren geben und weitere 6 Min. dünsten. Fisch und Gemüse warm stellen. Die Sahne in die Pfanne gießen und aufkochen lassen. Rauke und Orangenschale in die Sauce geben. Sauce eventuell mit Saucenbinder binden und mit Salz abschmecken.

Dazu neue Kartoffeln oder Reis

Tipp **Statt Rauke schmecken auch Kräuter wie Estragon oder Kerbel in der Sauce. Rauke oder auch Rucola ist in den letzten Jahren zu einem beliebten Kraut in der Küche geworden und wird auch wie Blattsalat verwendet. Das würzige Aroma erinnert mit seiner Schärfe an Senf.**

Zanderfilet mit Oregano

schnell | einfach

2	**Portionen**
	Zubereitungszeit 25 Min.
Pro Portion	**ca. 230 kcal, E 23 g, F 14 g, KH 1 g**

2	Zanderfilets mit Haut (à 120 g)
½ TL	schwarze Pfefferkörner
½ TL	rosa Pfefferbeeren
1	Bio-Zitrone
1 Bund	Oregano
1 EL	Olivenöl
1 EL	Butter

- Fischfilets abspülen und mit Küchenkrepp trocken tupfen. Pfefferkörner und -beeren grob zerstoßen und auf die Seite der Fischfilets ohne Haut drücken.
- Die Zitrone heiß abspülen und trocken reiben. Die Zitronenschale mit einem Zestenreißer abziehen oder die Schale dünn abschälen und in feine Streifen schneiden. 2 EL Zitronensaft auspressen. Oregano waschen, trocken schütteln und die Blätter abzupfen.
- Öl und Butter erhitzen. Zitronenzesten und -saft und Oreganoblättchen darin etwa 3 Min. braten, bis die Blättchen leicht knusprig sind. Zitronen-Oregano-Mischung aus der Pfanne nehmen und auf Küchenkrepp abtropfen lassen.
- Zanderfilets mit der Hautseite nach unten in das heiße Würzfett legen. Deckel auflegen und bei mittlerer Hitze etwa 7 Min. braten.
- Zum Servieren die Zitronen-Oregano-Mischung auf dem Zander anrichten.

Dazu geschmorte Kartoffelscheiben

Tipp **Die rosa Pfefferbeeren sind botanisch nicht mit dem schwarzen, weißen oder grünen Pfeffer verwandt. Die Beeren stammen vielmehr von dem in Peru beheimateten Pfefferbaum. Rosa Pfefferbeeren sind milder und schmecken etwas nach Wacholderbeeren. Sie werden in Essiglösung eingelegt oder als getrocknete Beeren angeboten. In großen Mengen können die Körner zu Magenverstimmungen führen. Empfindliche Personen sollten sie daher sparsam verwenden.**

Lachsforelle mit Spinat

einfach | für Gäste

4	**Portionen**
	Zubereitungszeit 45 Min.
	Garzeit 20 Min.
Pro Portion	**ca. 430 kcal, E 40 g, F 26 g, KH 7 g**

1	küchenfertige Lachsforelle (ohne Kopf und Schwanz; ca. 1 kg)
2–3 EL	Zitronensaft
	Salz, frisch gemahlener Pfeffer
500 g	Blattspinat
2	Schalotten
1	Knoblauchzehe
1–2 EL	Olivenöl
	frisch geriebene Muskatnuss
40 g	gehackte Pinienkerne (oder Mandeln)
200 g	Schmand

• Backofen auf 200° (Umluft 180°, Gas Stufe 4) vorheizen. Lachsforelle kalt abspülen und mit Küchenkrepp trocken tupfen. Den Fisch in acht Stücke (Fischkoteletts) schneiden. Mit Zitronensaft beträufeln, mit Salz und Pfeffer würzen.

• Blattspinat putzen und abspülen. Schalotten und Knoblauch abziehen. Schalotten in kleine Würfel schneiden, Knoblauch zerdrücken. Öl erhitzen, beides darin andünsten. Tropfnassen Spinat zufügen und ebenfalls andünsten. Mit Salz, Pfeffer und Muskatnuss würzen. Abkühlen lassen.

• Pinienkerne in einer Pfanne ohne Fett goldbraun rösten. Spinat, Pinienkerne und Schmand verrühren und mit Salz und Pfeffer abschmecken. Vier große Bögen Alufolie zurechtschneiden. Jeweils zwei Fischstücke in die Mitte der Folie setzen und die Spinatmischung in die Bauchöffnung geben. Folie über dem Fisch gut verschließen. Fisch im Backofen etwa 20 Min. garen.

Varianten Das Rezept funktioniert auch mit anderen Fischkoteletts oder mit Fischfilet. Statt mit Spinat kann der Fisch auch mit geraspelten Möhren in der Folie garen. Dafür die Möhren mit fein gehacktem Ingwer, Pfeffer, Salz und etwas Honig abschmecken. Oder als scharfe Variante mit Tomaten, Knoblauch, Thymian und roter Chilischote.

Karpfenfilets in Pfefferteig

raffiniert

6	**Portionen**
	Zubereitungszeit 50 Min.
Pro Portion	**ca. 400 kcal, E 21 g, F 18 g, KH 36 g**

75 g	gemischte Blattsalate
1	rosa Grapefruit
1 Stück	Rettich (75 g)
	Salz
1 TL	mittelscharfer Senf
2 EL	Sesamöl
	frisch gemahlener Pfeffer
2	Karpfenfilets (600 g)
	Saft von ½ Zitrone
3	Eier
250 g	Mehl
150 ml	Bier
2 TL	grob zerstoßener schwarzer Pfeffer
	Öl zum Frittieren

• Salat abspülen und trocken schleudern. Grapefruit so dick abschälen, dass die weiße Haut vollständig entfernt wird. Grapefruitfilets mit einem scharfen Messer zwischen den Trennhäuten herauslösen. Den Saft dabei auffangen.

• Rettich schälen, in dünne Scheiben schneiden und salzen. Für die Vinaigrette Senf, Grapefruitsaft und Sesamöl verrühren und mit Salz und Pfeffer abschmecken.

• Fischfilets abspülen, mit Küchenkrepp trocken tupfen und jedes Filet in sechs Stücke teilen. Salzen und mit dem Zitronensaft beträufeln.

• Eier trennen. Mehl, Bier und Eigelbe zu einem glatten dickflüssigen Teig verrühren. Salz und groben Pfeffer unterrühren. Eiweiße steif schlagen und unterheben. Wenn der Teig sehr dick ist, eventuell noch 1–2 EL Bier unterrühren.

• Öl in einer Fritteuse, einem Topf oder einer hohen Pfanne auf etwa 180° erhitzen. Die Temperatur ist richtig, wenn sich an einem in das heiße Öl getauchten Holzlöffelstiel kleine Bläschen bilden. Fischstücke in den Teig tauchen, etwas abtropfen lassen und portionsweise im heißen Öl von jeder Seite in 2–3 Min. goldbraun frittieren. Karpfenstücke auf Küchenkrepp abtropfen lassen und im Backofen bei 150° warm halten, bis alle fertig sind.

• Salat und Vinaigrette mischen. Salat, Rettich und Grapefruitfilets auf Tellern mit den Fischstücken anrichten.

Dazu mit Pfeffer abgeschmeckte Mayonnaise

Ganze Fische

Im Ganzen gebratene Fische sind einfach edel! Das Fleisch bleibt zart und zerfällt nicht. Und die Aromen sind unvergleichlich. Natürlich hat ein Fisch seine Gräten. Aber keine Sorge, damit kann man fertig werden – und zwar viel einfacher als Sie denken!

Klassiker

Forelle »blau«

Hier darf die Forelle mal »blaumachen«! Was wie Kunst am Fisch aussieht, ist mit diesem Rezept-Klassiker schnell und einfach gemacht. Buttrige Salzkartoffeln sind Pflicht dazu.

4	**Portionen**
	Zubereitungszeit 1 Std. 10 Min.
Pro Portion	**ca. 570 kcal, E 60 g, F 36 g, KH 2 g**

1 Bund	Suppengrün
je 2 Stängel	glatte Petersilie und Thymian
2	Lorbeerblätter
10	Pfefferkörner
2 EL	Salz
4	frische Forellen
1/8 l	guter Weißweinessig
1 Stück	frischer Meerrettich (70 g)
150–200 g	Sahne
75 g	Butter

• Für den Kochsud das Suppengrün putzen, abspülen und in kleine Würfel schneiden. Petersilie und Thymian abspülen. 3 l Wasser, Suppengrün, Kräuter, Lorbeerblätter, Pfefferkörner und Salz aufkochen und bei kleiner Hitze 30 Min. leicht kochen lassen (Step 1).

• Die Forellen vorsichtig abspülen, dabei aufpassen, dass die Schleimschicht auf der Haut nicht beschädigt wird. Forellen eventuell rund zusammenbinden. Dafür Kopf und Schwanz mit einer Nadel durchstechen und mit Küchengarn zusammenbinden (Step 2).

• Den Essig aufkochen und über die Fische gießen, dann färbt sich die Schleimschicht blau. Die Forellen vorsichtig in den Sud legen und bei kleiner Hitze etwa 15–20 Min. ziehen lassen (Step 3).

• Inzwischen für den Sahnemeerrettich den Meerrettich schälen und auf einer Gemüsereibe fein reiben. Sahne steif schlagen und den Meerrettich unterrühren. Mit etwas Salz abschmecken. Bis zum Servieren kalt stellen.

• Butter in einem Topf erhitzen, aber nicht bräunen lassen. Eine Platte mit einer Stoffserviette auslegen. Die Forellen mit einer Schaumkelle vorsichtig aus dem Sud heben und auf einer großen Platte anrichten. Die Forellen mit Sahnemeerrettich und heißer Butter servieren.

Dazu Salzkartoffeln

1

2

3

Tipps

Zum »Blaukochen« eignen sich auch Schleie, Welse, Karpfen oder junge Hechte. Frischen Meerrettich zum Aufbewahren schälen, in Alufolie wickeln und einfrieren. Bei Bedarf den Meerrettich gefroren fein reiben.

Gebackene Forelle

einfach

3	**Portionen**
	Zubereitungszeit 50 Min.
Pro Portion	**ca. 580 kcal, E 67 g, F 32 g, KH 4 g**

1 EL	Kapern
1	Schalotte
1	Cornichon (kleines eingelegtes Gürkchen)
2	Sardellenfilets
3	hart gekochte Eier
2 EL	mildes Olivenöl
2 EL	Estragonessig
1 EL	Sahne
2 TL	scharfer Senf
½ Bund	glatte Petersilie
	Salz, frisch gemahlener Pfeffer
1 Prise	Zucker
3	küchenfertige Forellen (à 500 g)
	Saft von 1 Zitrone
3	frische Lorbeerblätter
2 EL	Mehl
100 g	Butter zum Braten
1	Bio-Zitrone

• Für die Sauce die Kapern abtropfen lassen. Schalotte abziehen und zusammen mit Cornichon, Kapern und Sardellenfilets hacken. Eier pellen, halbieren, die Eigelbe herauslösen und durch ein Sieb streichen. Öl tropfenweise unter ständigem Rühren unterschlagen. Essig, Sahne und Senf unterrühren.

• Petersilie abspülen und trocken schütteln. Petersilienblätter und Eiweiße hacken. Etwas Petersilie beiseitelegen, den Rest mit den Eiweißen unter die Sauce rühren. Die Sauce mit Salz, Pfeffer und Zucker abschmecken.

• Forellen innen und außen gut abspülen und trocken tupfen. Fische innen und außen mit Zitronensaft beträufeln, salzen und pfeffern. Lorbeerblätter in die Bauchöffnung der Forellen stecken. Forellen in Mehl wenden, das überschüssige Mehl etwas abklopfen.

• Butter in einer großen Pfanne erhitzen und die Forellen darin von jeder Seite 8–10 Min. braten. Dabei regelmäßig mit der Butter begießen.

• Bio-Zitrone heiß abspülen, trocken reiben und in Stücke schneiden. Forellen abtropfen lassen, mit der restlichen Petersilie bestreuen und mit Zitronenstücken garnieren. Die Sauce dazuservieren.

Dazu Petersilienkartoffeln und Kopfsalat

Tipp **Auf die gleiche Art können Sie auch Saibling zubereiten.**

Kräuterhecht aus dem Ofen

einfach | für Gäste

4 **Portionen**
Zubereitungszeit 1 Std. 15 Min.
Garzeit 40 Min.
Pro Portion **ca. 440 kcal, E 38 g, F 27 g, KH 8 g**

1	ganzer, küchenfertiger Hecht (etwa 1,3 kg)
	Salz, frisch gemahlener Pfeffer
1	Bio-Zitrone
je 5 Stängel	glatte Petersilie und Dill
3 Zweige	Thymian
2–3	Lorbeerblätter
50 g	Butter
200–250 ml	trockener Weißwein
200 g	Sahne
	evtl. etwas Saucenbinder
	evtl. etwas Zitronensaft

- Den Backofen auf 180° (Umluft 160°, Gas Stufe 3) vorheizen. Den Hecht schuppen und die Kiemen entfernen. Den Fisch mit Salz und Pfeffer würzen und in Portionsstücke schneiden. Zitrone heiß abspülen und in Scheiben schneiden.
- Kräuter abspülen, trocken schütteln und je 2 Stängel Petersilie und Dill beiseitelegen. Übrige Kräuter mit den Lorbeerblättern in die Bauchöffnungen der Hechtstücke geben. Die Hechtstücke in Fischform in eine ofenfeste Form legen. Die Butter in kleinen Flöckchen darauf verteilen und den Wein in die Form gießen. Im Ofen etwa 30–40 Min. backen.
- Den Hecht aus dem Ofen nehmen. Den Fischsud durch ein Sieb in einen kleinen Topf gießen. Sud und Sahne aufkochen lassen und eventuell etwas Saucenbinder einstreuen und unterrühren.
- Die restlichen Kräuter hacken und in die Sauce geben. Mit Salz, Pfeffer und eventuell etwas Zitronensaft abschmecken.

Dazu Salzkartoffeln oder Reis

Tipp **Der Kräuterhecht kann auch im Bratbeutel zubereitet werden. Das Aroma bleibt gut erhalten und das Fischfleisch saftig.**

Gegrillter Zander mit Speck

raffiniert | für Gäste

4 Portionen
Zubereitungszeit 1 Std.
Grillzeit 20 Min.
Pro Portion ca. 450 kcal, E 12 g, F 29 g, KH 34 g

- 2 Zwiebeln
- 1 Knoblauchzehe
- 300 g Petersilienwurzeln
- 5 EL Olivenöl
- 200 g Pardina-Linsen (kleine grüne Linsen)
- 3 EL Pernod (oder Apfelsaft)
- 2 Lorbeerblätter
- 3 Nelken
- 700 ml Gemüsebrühe
- 1 küchenfertiger Zander (etwa 1,3 kg)
- 2 Zitronen
- Salz
- ½ Bund Salbei
- 100 g Frühstücksspeck (Bacon)
- 500 g Kartoffeln
- 1 Bund glatte Petersilie
- 20 g Butter

• Zwiebeln und Knoblauch abziehen. Die Petersilienwurzeln schälen. Alles in Streifen oder Scheiben schneiden. 1 EL Olivenöl in einem Topf erhitzen, das Gemüse darin andünsten. Die Linsen abspülen. Die Linsen, Pernod, Lorbeerblätter und Nelken dazugeben. Die Brühe dazugießen und alles bei mittlerer Hitze etwa 20 Min. leicht kochen lassen.

• Den Zander von innen und außen abspülen, trocken tupfen und von beiden Seiten mehrmals diagonal einschneiden. Zitronen auspressen. Fisch mit der Hälfte des Zitronensaftes und 1 EL Öl beträufeln und salzen. Salbeiblätter abzupfen und mit Speckstreifen um den Fisch wickeln. Den Backofengrill vorheizen. Das Backblech einfetten oder mit Backpapier belegen.

• Kartoffeln schälen und in dicke Scheiben schneiden. Kartoffelscheiben mit 3 EL Öl mischen, salzen und auf dem Backblech verteilen. Fisch darauflegen und unter dem Grill etwa 10 Min. grillen. Fisch wenden und in 10 Min. fertig grillen.

• Petersilie abspülen, trocken schütteln und die Blätter fein hacken. Restlichen Zitronensaft, Petersilie und Butter in Flöckchen unter die Linsen mischen. Eventuell mit Salz und Pfeffer abschmecken. Fisch, Kartoffeln und Linsen zusammen auf einer Platte anrichten.

Tipp **Statt des ganzen Fisches Zanderfilet auf die Kartoffeln legen. Die müssen dann vorher 12 Min. vorgaren. Die Filets brauchen nur knapp 10 Min.**

Seezunge mit Wermutsauce

etwas teurer

4 Portionen
Zubereitungszeit 50 Min.
Pro Portion **ca. 350 kcal, E 25 g, F 23 g, KH 5 g**

3	gelbe oder orangefarbene Paprikaschoten
½ Bund	Petersilie
1	Schalotte
3 EL	Weißweinessig
100 ml	Wermutwein (z.B. Cinzano, Martini oder Noilly Prat)
100 g	durchwachsener Speck
30 g	Butter
3 EL	Schmand
	Salz, frisch gemahlener Pfeffer, Zucker
2	küchenfertige Seezungen (à etwa 450 g)
2 TL	Zitronensaft
2 EL	Mehl
2 EL	Butterschmalz

• Backofengrill oder Backofen auf höchster Stufe vorheizen. Paprikaschoten vierteln, putzen und abspülen. Mit der Hautseite nach oben auf ein Blech legen und unter dem Grill rösten, bis die Haut schwarze Blasen wirft. Paprikaviertel in einen Plastikbeutel legen, etwas abkühlen lassen, dann die Haut abziehen.

• Petersilie abspülen, trocken schütteln und die Blätter hacken. Schalotte abziehen und würfeln. Schalotte, Essig und Wermut auf etwa 3 EL einkochen lassen.

• Die Speckschwarte abschneiden und den Speck fein würfeln. Die Speckwürfel in einer beschichteten Pfanne ohne Fett bei mittlerer Hitze knusprig braten, herausnehmen. 15 g Butter im Speckfett schmelzen und etwas abkühlen lassen.

• Paprika, restliche Butter, Schmand und den eingekochten Sud mit dem Stabmixer pürieren. Speckwürfel dazugeben und die Sauce mit Salz, Pfeffer und Zucker abschmecken. Sauce warm halten.

• Seezungen abspülen, trocken tupfen und mit Zitronensaft beträufeln, salzen und pfeffern. Fische im Mehl wenden, überschüssiges Mehl abklopfen. Butterschmalz in einer großen Pfanne erhitzen, Seezungen darin von jeder Seite 4–6 Min. goldgelb braten. Mit Petersilie betreuen und mit der Sauce servieren.

Dazu kleine Butterkartoffeln

Tipp **Seezungen sind von Überfischung bedroht und sollten nur selten auf den Teller kommen. Die Wermutsauce schmeckt auch zu frischen Forellenfilets.**

Dorade im Kräutersud

einfach | mediterran

2	**Portionen**
	Zubereitungszeit 1 Std.
	Garzeit 40 Min.
Pro Portion	**ca. 515 kcal, E 36 g, F 41 g, KH 2 g**

1	küchenfertige Dorade (etwa 500 g)
1 Bund	Basilikum
1 Bund	Estragon
½ Bund	Petersilie
2	Knoblauchzehen
6 EL	Olivenöl
2 EL	Sherryessig
150 ml	Fischfond (aus dem Glas)
	Salz, frisch gemahlener Pfeffer
1 Zweig	Lorbeer

- Den Backofen auf 200° (Umluft 180°, Gas Stufe 4) vorheizen. Die Dorade von innen und außen mit kaltem Wasser abspülen und mit Küchenkrepp trocken tupfen.

- Für den Kräutersud Basilikum, Estragon und Petersilie abspülen und trocken schütteln. Knoblauch abziehen. Die Blätter von je 3 Stängeln Basilikum und Estragon, Knoblauch, Öl, Essig und Fischfond mit dem Stabmixer nicht zu fein pürieren. Mit Salz und Pfeffer würzen.

- Die Dorade von innen und außen leicht salzen. Petersilie, Lorbeerzweig, die restlichen Basilikum- und Estragonstängel um den Doradenkopf legen und mit Küchengarn zusammenbinden.

- Den Fisch in eine ofenfeste Form legen. Den Kräutersud darübergießen. Im Ofen etwa 35–40 Min. backen. Der Fisch ist gar, wenn sich die große Rückenflosse leicht herausziehen lässt.

Dazu Stampfkartoffeln

Tipp **Die Dorade kann auch in einem Bratbeutel im Ofen gebacken werden. Den Kräutersud einfach mit in den Beutel gießen und verschließen. Den Beutel auf ein kaltes Backblech legen und im Ofen wie beschrieben backen. Doraden haben feines aromatisches und grätenarmes Fleisch.**

ACQUA MINERALE
IMBOTTIGLIATA COME

Meeräschen aus dem Ofen

einfach

3	**Portionen**
	Zubereitungszeit 50 Min.
	Garzeit 30 Min.
Pro Portion	**ca. 340 kcal, E 51 g, F 14 g, KH 1 g**

3	küchenfertige Meeräschen (à etwa 350 g; oder Loup de mer)
	Salz, frisch gemahlener Pfeffer
2 Stängel	glatte Petersilie
1	Bio-Zitrone
2 TL	Olivenöl
	grob gemahlener Piment

- Den Backofen auf 200° (Umluft 180°, Gas Stufe 4) vorheizen. Die Fische von innen und außen abspülen und trocken tupfen. Die Meeräschen von innen salzen und pfeffern.
- Petersilie waschen, trocken schütteln und die Blätter abzupfen. Die Zitrone heiß abspülen, trocken reiben und die Hälfte in dünne Scheiben schneiden. Zusammen mit den Petersilienblättern in den Bauch der Fische geben.
- Die Fische in eine Auflaufform legen, dünn mit Olivenöl bestreichen und mit Piment bestreuen. Restliche Zitronenhälfte in Stücke schneiden und mit in die Form legen. Im Backofen etwa 30 Min. backen.

Dazu frisches Bauernbrot

Tipps **Diese einfache Zubereitung eignet sich auch für viele andere Fische wie Forelle, Schleie, Barsche oder Makrelen.**

Piment ist ein sehr vielseitiges Gewürz. In ihm vereint sich die Schärfe des Pfeffers mit Aromen, die an Nelken, Zimt und Muskat erinnern. Daher wird er auch häufig als Nelkenpfeffer bezeichnet. Die etwa wacholderbeergroßen Körner stammen vom Pimentbaum, der von Seefahrern nach Europa gebracht wurde. Piment wird zum Würzen von Suppen, Fleischgerichten, Fischfonds, Sülzen, Ragouts, Wildfleisch und Weihnachtsgebäck verwendet.

Gebratene Makrele mit Dip

einfach | schnell

2	**Portionen**
	Zubereitungszeit 25 Min.
Pro Portion	**ca. 430 kcal, E 27 g, F 35 g, KH 3 g**

1 Stängel	Dill
2 Stängel	Petersilie
½ Bund	Schnittlauch
200 g	saure Sahne
	Salz, frisch gemahlener Pfeffer
½	Zitrone
1	küchenfertige Makrele (etwa 600 g)
2 EL	Öl

• Für den Dip die Kräuter abspülen und trocken schütteln. Dillspitzen und Petersilienblätter abzupfen und fein schneiden. Schnittlauch in feine Röllchen schneiden. Die Kräuter mit der sauren Sahne verrühren und mit Salz und Pfeffer abschmecken.

• Zitrone abspülen, trocken reiben und in Scheiben oder Spalten schneiden. Die Makrele von innen und außen abspülen und mit Küchenkrepp trocken tupfen.

• Das Öl in einer Grillpfanne erhitzen und die Makrele darin von beiden Seiten etwa 4 Min. braten. Der Fisch ist gar, wenn sich die Rückenflosse leicht herausziehen lässt.

• Makrele mit Salz und Pfeffer würzen. Kräuterdip und Zitronenscheiben extra zur Makrele servieren.

Dazu Baguette oder Salzkartoffeln

Tipps Auf die gleiche Art können auch grüne Heringe, Sardinen oder Doraden gebraten werden. Schneller geht der Dip mit gekauftem Kräuter- oder Meerrettichquark.

Das saftige Makrelenfleisch hat einen Fettgehalt von 9–15 % mit einem hohen Gehalt an ungesättigten Fettsäuren, darunter die hochwertigen Omega-3-Fettsäuren. Diese Fettsäuren sollen Herz-Kreislauf-Erkrankungen vorbeugen. Die Makrelenbestände sind stabil, sodass dieser Fisch öfter auf den Tisch kommen sollte. Bei uns werden Makrelen als Frischfisch, Räucherfisch und als Konserven angeboten.

Heringe im Salzteig

einfach

2	**Portionen**
	Zubereitungszeit 1 Std.
	Garzeit 35 Min.
Pro Portion	**ca. 560 kcal, E 47 g, F 40 g, KH 3 g**

2–3	Eiweiße
etwa 700 g	Meersalz
2	küchenfertige Heringe (mit Kopf)
1 Bund	Zitronenthymian
	Öl für das Backblech
100 g	Joghurt
1–2 EL	Meerrettich (aus dem Glas)
	Salz, frisch gemahlener Pfeffer

- Für den Salzteig die Eiweiße mit einem Schneebesen verquirlen und das Meersalz unterrühren. Ist der Teig trocken und bröckelig, eventuell noch etwas Wasser unterkneten. Den Ofen auf 200° (Umluft 180°, Gas Stufe 4) vorheizen.
- Die Heringe von innen und außen abspülen und mit Küchenkrepp trocken tupfen. Zitronenthymian abspülen, trocken schütteln und jeweils 2–3 Zweige in die Bauchhöhle der Fische geben. Restlichen Thymian beiseitelegen.
- Das Backblech mit Backpapier auslegen und einölen. Die Hälfte des Salzteiges auf das Backblech geben und daraus zwei etwa 2 cm dicke und 20 cm lange »Salzbetten« für die Fische formen.
- Heringe darauflegen und mit dem restlichen Salzteig bedecken. Salzteig mit den Händen an die Fische drücken, sodass sie rundherum eingehüllt sind. Mit Backpapier bedecken. Im Ofen etwa 25–35 Min. backen.
- Inzwischen für den Dip vom restlichen Thymian die Blättchen abzupfen und hacken. Thymian, Joghurt und Meerrettich verrühren und mit Salz und Pfeffer abschmecken. Die Salzkruste kurz vor dem Servieren mit einem Messer aufklopfen.

Dazu Brunnenkressesalat und Baguette

Tipp **Wenn Sie keinen Zitronenthymian bekommen, die Heringe einfach mit normalem Thymian und 1–2 Scheiben von einer Bio-Zitrone füllen.**

Eingelegte Bratheringe

braucht etwas Übung

4	**Portionen**
	Zubereitungszeit 1 Std.
	Marinierzeit 2 Tage
Pro Portion	**ca. 670 kcal, E 42 g, F 50 g, KH 14 g**

2	Zwiebeln
¼ l	heller Essig
200 g	Zucker
	Salz
2	Lorbeerblätter
1 TL	schwarze Pfefferkörner
8	küchenfertige, kleine grüne Heringe
1	Zitrone
6 EL	Mehl
6 EL	Sonnenblumenöl

• Für die Marinade die Zwiebeln abziehen und in feine Ringe schneiden. 350 ml Wasser, Essig, Zucker, Salz, Lorbeerblätter und Pfefferkörner aufkochen und kochen lassen, bis sich der Zucker vollständig aufgelöst hat. 350 ml kaltes Wasser in die Marinade rühren und abkühlen lassen.

• Inzwischen die Heringe von innen und außen abspülen und mit Küchenkrepp trocken tupfen. Die Zitrone auspressen und die Heringe mit Zitronensaft beträufeln. Mehl und 1 TL Salz vermischen und die Heringe darin wenden.

• Öl in einer Pfanne erhitzen und die Heringe darin von jeder Seite etwa 5 Min. braten. Die Heringe in eine längliche Schüssel legen und mit der Marinade übergießen. Die Schüssel abdecken und die Heringe in der Marinade 1–2 Tage im Kühlschrank durchziehen lassen.

Dazu Bratkartoffeln und Salat

Tipps **Die Marinade kann mit frischen Kräutern wie Dill, Koriandergrün oder Petersilie, Gewürzen wie Senfsaat, Piment oder Wacholder und auch mit frischem Knoblauch oder Ingwer verfeinert werden. Statt der Heringe können kleine oder auch große Sardinen auf die gleiche Art zubereitet werden.**

Bratheringe schmecken auch knusprig gebraten frisch aus der Pfanne.

Spezialitäten

Der überwiegende Teil der Erde ist von Meer bedeckt. Und ein großer Teil der Menschheit liebt Fisch und versteht es, ihn meisterhaft zuzubereiten. Probieren Sie mal: Andere Landesmütter haben auch schöne Fische!

Matjes mit Spargel-Labskaus

einfach

2	**Portionen**
	Zubereitungszeit 50 Min.
Pro Portion	**ca. 620 kcal, E 43 g, F 34 g, KH 35 g**

1	Zwiebel
1 EL	Öl
2 EL	Kapern
400 g	Kartoffeln
	Salz
500 g	Spargel
100 g	Corned Beef
60 g	Sahne
2	Matjes-Doppelfilets
	etwas Butter zum Braten
2	Wachteleier

• Die Zwiebel abziehen und fein würfeln. Öl in einer Pfanne erhitzen und die Zwiebel darin glasig dünsten. Kapern dazugeben und beiseitestellen. Kartoffeln schälen, abspülen, würfeln und in wenig Salzwasser 12 Min. kochen.

• Spargel schälen, die Enden abschneiden und den Spargel in Scheiben schneiden. Spargelstücke zu den Kartoffeln geben und weitere 6–8 Min. kochen. Spargelköpfe schon nach 3 Min. wieder aus dem Kochwasser nehmen und beiseitestellen. Corned Beef fein würfeln.

• Kartoffeln und Spargel abgießen. Die Sahne zu den Kartoffeln und dem Spargel gießen und alles mit einem Kartoffelstampfer fein zerstampfen. Spargelköpfe, Zwiebel-Kapern-Mischung und Corned Beef-Würfel unterheben. Matjesfilets mit Küchenkrepp abtupfen.

• Etwas Butter in einer Pfanne erhitzen und die Wachteleier darin bei mittlerer Hitze braten. Leicht salzen und zusammen mit Matjes und Labskaus anrichten.

Bouillabaisse

für Gäste | einfach

6	**Portionen**
	Zubereitungszeit 1 Std.
Pro Portion	**ca. 355 kcal, E 64 g, F 8 g, KH 7 g**

1	Zwiebel
2	Knoblauchzehen
1	Stange Porree
3	Tomaten
2 EL	Olivenöl
1 TL	Fenchelsaat
2 Päckchen	Safran
2	Lorbeerblätter
1,4 kg	Fischfilets (z. B. Meerbarbe, Seeteufel)
12	Garnelen mit Schale
	Salz, frisch gemahlener Pfeffer
5 EL	Zitronensaft
500 g	Miesmuscheln
½ Bund	Petersilie

- Zwiebel und Knoblauch abziehen und beides fein würfeln. Den Porree putzen, gründlich abspülen und in Ringe schneiden. Tomaten abspülen und würfeln, dabei die Stielansätze herausschneiden.
- Öl in einem großen Topf erhitzen, Zwiebel, Knoblauch und Porree darin glasig dünsten. Fenchelsaat, Safran und Lorbeerblätter dazugeben und mit 1,4 l Wasser oder Gemüsebrühe aufkochen.
- Die Fischfilets und Garnelen abspülen. Filets in Stücke schneiden und mit Salz, Pfeffer und etwas Zitronensaft würzen.
- Die Muscheln gründlich abspülen und geöffnete Muscheln aussortieren. Von den Muscheln den »Bart« herausziehen. Garnelen und Muscheln in den Fond geben und etwa 5 Min. im geschlossenen Topf kochen lassen. Die Fischfilets dazugeben und bei kleiner bis mittlerer Hitze in etwa 10 Min. gar ziehen lassen.
- Die Petersilie abspülen, trocken schütteln und die Blätter hacken. Die Bouillabaisse mit Salz, Pfeffer, Petersilie und restlichem Zitronensaft abschmecken.

Dazu geröstetes Baguette mit Aioli

Tipps **Muscheln, die sich nach dem Kochen nicht geöffnet haben, wegwerfen.**

Das Rezept für Bouillabaisse stammt ursprünglich aus Marseille. Die Fisch- und Krustentierarten variieren je nach Rezept. Ganz wichtig: Fisch und Meeresfrüchte müssen ganz frisch sein, dann schmeckt die Suppe am besten.

Lachs mit Thaispargel

kalorienarm | schnell

4	**Portionen**
	Zubereitungszeit 30 Min.
	Garzeit 10 Min.
Pro Portion	**ca. 280 kcal, E 27 g, F 9 g, KH 12 g**

100 ml	süße Sojasauce
200 ml	Sake (japanischer Reiswein)
4 EL	Zucker
2 TL	Zitronensaft
etwa 2 TL	Wasabi (grüne Meerrettichpaste)
200 g	Thaispargel
500 g	Lachsfilet

• Für die Sauce die Sojasauce, Sake, Zucker und Zitronensaft in einen Topf geben und bei kleiner Hitze erwärmen, bis der Zucker gelöst ist. Dann bei großer Hitze sämig einkochen lassen. Die Wasabipaste unter die Sauce rühren und nochmals abschmecken.

• Den Thaispargel abspülen und in vier Portionen teilen. Lachsfilet abspülen, mit Küchenkrepp trocken tupfen und ebenfalls in vier Portionen schneiden. Den Backofen auf 200° (Umluft 180°, Gas Stufe 4) vorheizen.

• Je eine Portion Thaispargel auf ein großes Stück Butterbrotpapier legen. Je ein Lachsfilet darauflegen. Lachsfilets mit etwas Soja-Wasabi-Sauce bestreichen, die restliche Sauce beiseitestellen. Das Papier über dem Fisch zu einem Päckchen zusammenfalten. Die Fischpäckchen im Ofen etwa 10 Min. backen. Herausnehmen und mit der restlichen Sauce servieren.

Dazu Reis

Tipp **Thaispargel ist ein besonders dünner grüner Spargel, der nicht holzig ist und auch nicht geschält werden muss. Eventuell die angetrockneten Schnittflächen am unteren Ende knapp abschneiden. Ansonsten den Spargel nur abspülen und verarbeiten.**

Zitronen-Räucherlachs

einfach | schnell

4	**Portionen**
	Zubereitungszeit 25 Min.
Pro Portion	**ca. 220 kcal, E 20 g, F 7 g, KH 19 g**
2	Bio-Zitronen
2–3 Stängel	Zitronengras
65 g	Zucker
2	Schalotten
je 1 Bund	Dill und Kerbel
400 g	geräucherter Lachs in Scheiben
	Meersalz, frisch gemahlener Pfeffer

- Für die Marinade die Zitronen heiß abspülen, trocken reiben und die Schale mit einem Sparschäler dünn abschälen. Den Saft auspressen. Das Zitronengras putzen, in etwa 5 cm lange Stücke schneiden und auf der Arbeitsfläche grob mit einem Messer zerdrücken.
- Den Zucker in einer Pfanne goldbraun karamellisieren lassen. Den Zitronensaft dazugießen (Vorsicht, es spritzt!) und so lange bei kleiner Hitze kochen lassen, bis sich der Zucker aufgelöst hat. Zitronengras und Zitronenschale unterrühren und abkühlen lassen.
- Inzwischen die Schalotten abziehen und fein würfeln. Dill und Kerbel abspülen und trocken schütteln. Dillspitzen und Kerbelblätter grob hacken.
- Die Lachsscheiben locker aufrollen und auf einer Platte anrichten. Die Zitronenmarinade eventuell durchsieben, darüberträufeln und mit Salz und Pfeffer würzen. Schalotten und die gehackten Kräuter darüberstreuen.

Dazu Fladenbrot oder Baguette

Tipp **Zitronengras stammt ursprünglich aus Südostasien, wird heute aber auch in Westindien und Brasilien angebaut. Die Blätter haben ein kräftiges Zitronenaroma, aber nur die ganz feinen und jungen Blätter können fein gehackt mitgegessen werden. Ältere Blätter bleiben faserig und werden nach dem Kochen entfernt. Die Zitronengrasstängel eignen sich auch als Ersatz von Holzspießen zum Aufspießen von Fisch oder Fleisch und aromatisieren gleichzeitig.**

Klassiker

Graved Lax mit Senfsauce

Wenn selbst gebeizter Lachs auf den Tisch kommt, ist Bewunderung und Erfolg bei den Gästen garantiert. Dabei ist der Einsatz dafür minimal.

8	**Portionen**
	Zubereitungszeit 40 Min.
	Ruhezeit 2 Tage
Pro Portion	**ca. 465 kcal, E 43 g, F 24 g, KH 19 g**

2	Lachsfilets mit Haut (à 900 g)	8 EL	scharfer Senf
3–4 Bund	Dill	6 EL	flüssiger Honig
2 EL	weiße Pfefferkörner	2–3 EL	Weißweinessig
100 g	Meersalz	7 EL	Öl
4 EL	Zucker		

• Die Lachsfilets abspülen, mit Küchenkrepp trocken tupfen und mit der Hautseite nach unten auf die Arbeitsfläche legen. Mit den Fingerspitzen das Filet abtasten und eventuell noch vorhandene kleine Gräten mit einer Pinzette oder einer kleinen Zange entfernen (Step 1).

• 1–2 Bund Dill abspülen, trocken schütteln und die Dillspitzen fein schneiden. Pfefferkörner in einem Mörser fein zerstoßen. Dill, Pfefferschrot, Salz und Zucker mischen und auf die beiden Lachsfilets streichen. Mit den Händen gut an das Fischfleisch drücken.

• Die beiden Lachshälften mit den gewürzten Seiten aufeinanderlegen. Lachs fest in Klarsichtfolie wickeln und auf eine große Platte mit hohem Rand oder ein Backblech legen. Ein langes Brett auf den Fisch legen und 3–4 große Konservendosen auf das Brett stellen (Step 2). So liegen die Fischhälften mit leichtem Druck aufeinander und die Beize kann gut einziehen. Den Lachs zwei Tage in den Kühlschrank stellen.

• Den Lachs zweimal am Tag wenden und das Brett wieder darauflegen. Die Flüssigkeit, die sich auf der Platte sammelt, abgießen.

• Die Lachshälften auswickeln und mit einem langen schlanken Messer in dünne Scheiben schneiden (Step 3) und auf Tellern anrichten.

• Für die Senfsauce Senf, Honig und Essig verrühren. Das Öl mit einem Schneebesen unterschlagen. Restlichen Dill abspülen, trocken schütteln und die Dillspitzen fein schneiden. Den Dill unter die Sauce rühren und zum Lachs servieren.

1

2

3

Dazu

kräftiges Schwarzbrot

Tipp

Am besten scmeckt's mit einem frischen Lachs aus Bio-Aufzucht.

Fish and Chips

mit Alkohol | raffiniert

3	**Portionen**
	Zubereitungszeit 1 Std.
	Marinierzeit 30 Min.
Pro Portion	**ca. 580 kcal, E 37 g, F 29 g, KH 35 g**

1	rote Chilischote
1 EL	Wasabi (grüne Meerrettichpaste; oder Meerrettich aus dem Glas)
3 EL	Sojasauce
1 EL	Honig
½ Bund	Schnittlauch
450 g	Tilapiafilets
500 g	große Kartoffeln
1	Ei
130 ml	Sake (oder Weißwein)
100 g	Mehl
	Salz
etwa 1 ½ l	Frittieröl

• Für die Marinade Chilischote längs aufschneiden, putzen, abspülen und hacken (mit Küchenhandschuhen arbeiten). Mit Wasabipaste, Sojasauce und Honig verrühren. Schnittlauch abspülen, trocken schütteln, in Röllchen schneiden und zur Marinade geben.

• Fischfilet von allen Gräten befreien, abspülen, trocken tupfen und in Stücke schneiden. Mit der Marinade einreiben und mindestens 30 Min. marinieren lassen.

• Für die Chips die Kartoffeln schälen und in etwa ½ cm dicke Scheiben schneiden. Mit dem Sparschäler vom Kartoffelrand aus lange dünne Streifen abschneiden. Die Kartoffelstreifen in kaltes Wasser legen.

• Ei und Sake verquirlen, Mehl und 1 Prise Salz dazugeben. Fischfilets aus der Marinade nehmen und in den Ei-Sake-Teig legen. Den Backofen zum Warmhalten auf 150° (Umluft 130°, Gas Stufe 1) vorheizen.

• Frittieröl auf etwa 180° erhitzen. Es hat die richtige Temperatur, wenn sich an einem in das heiße Öl getauchten Holzlöffelstiel kleine Bläschen bilden. Die Fischstücke portionsweise dazugeben und etwa 7 Min. frittieren. Auf Küchenkrepp abtropfen lassen und im Backofen warm stellen.

• Kartoffelstreifen gut trocken tupfen und ebenfalls im heißen Öl goldgelb frittieren. Fish and Chips zusammen servieren.

Dazu Gurkensalat

Kleine Fischfrikadellen

schmeckt Kindern | schnell

etwa 14 Stück
Zubereitungszeit 30 Min.
Pro Stück ca. 70 kcal, E 6 g, F 3 g, KH 4 g

400 g	Fischfilet (z. B. Seelachsfilet)
1	Brötchen vom Vortag
1	kleine Zwiebel
1	Ei
1 TL	mittelscharfer Senf
40 g	Semmelbrösel
	Salz, frisch gemahlener Pfeffer
30 g	Butterschmalz

• Das Fischfilet kalt abspülen, mit Küchenkrepp trocken tupfen und grob würfeln. Das Brötchen in kaltem Wasser mindestens 10 Min. einweichen. Die Zwiebel abziehen und fein würfeln.

• Die Fischstücke in den Mixer geben oder mit dem Stabmixer fein pürieren. Das Brötchen ausdrücken. Fischpüree, Ei, Brötchen, Senf und Semmelbrösel mit den Knethaken des Handrührgeräts zu einem Teig verkneten. Den Fischteig mit Salz und etwas Pfeffer würzen.

• Aus dem Fischteig kleine Frikadellen, Klöße oder Fische formen. Das Butterschmalz in einer Pfanne erhitzen und die Frikadellen portionsweise dazugeben und in 3–4 Min. rundherum goldbraun braten.

Dazu Reis oder Kartoffelpüree, Spinat oder grüne Bohnen

Variante Eine feinere Variante ist die gefüllte Frikadelle: Jede kleine Frikadelle mit einem Stück Flusskrebsfleisch füllen. Dazu schmecken gebratene Minibananen, Reis und Currysojasauce.

Tipp **Die Frikadellen zu Bällchen formen und mit Paprikastücken auf Spieße stecken. Oder zu flachen Frikadellen formen und zu Burgern verwandeln.**

Fisch am Stiel

einfach | schmeckt Kindern

2	**Portionen**
	Zubereitungszeit 40 Min.
Pro Portion	**ca. 380 kcal, E 23 g, F 18 g, KH 26 g**

350 g	Seelachsfilet
3 EL	Zitronensaft
	Salz
3 EL	Semmelbrösel
3 EL	Rapsöl
1 TL	Zucker, frisch gemahlener Pfeffer
1	große Möhre
1	kleiner Kohlrabi
½	Salatgurke
100 g	Joghurt
3 EL	Ketchup
	Kresse zum Garnieren
evtl. ½	Bio-Zitrone

• Fischfilet abspülen, mit Küchenkrepp trocken tupfen und in etwa 8 × 3 cm große Stücke schneiden. Etwas Zitronensaft darüberträufeln und salzen. Fischstücke auf lange Holzspieße stecken. Semmelbrösel auf einen flachen Teller geben und die Spieße darin wenden.

• Für die »Gemüseinseln« restlichen Zitronensaft, 1 EL Öl, Zucker, Salz und Pfeffer verrühren. Möhre und Kohlrabi putzen und schälen. Die Gurke abspülen und schälen. Das Gemüse getrennt auf der Gemüsereibe grob raspeln und jede Gemüsesorte in ein Schälchen geben. Möhre, Kohlrabi und Gurke jeweils mit einem Drittel der Marinade mischen.

• Restliches Öl in einer Pfanne erhitzen und die Fischspieße darin von jeder Seite etwa 3 Min. braten. Joghurt und Ketchup verrühren und mit Salz abschmecken. Gemüseraspel wie kleine Inseln auf Teller verteilen. Joghurtsauce und Fisch am Stiel dazureichen. Kresse mit einer Schere vom Beet schneiden und die Gemüseinseln damit garnieren. Eventuell die Zitrone abspülen, trocken reiben, in Scheiben schneiden und die Teller damit garnieren.

Dazu Reis

Seeteufelspieße mit Rosmarin

etwas teurer | für Gäste

2	**Portionen**
	Zubereitungszeit 35 Min.
Pro Portion	**ca. 480 kcal, E 22 g, F 30 g, KH 28 g**

250 g	Seeteufelfilet
2 EL	Zitronensaft
4 Zweige	Rosmarin
	Salz, frisch gemahlener Pfeffer
2	Chicorée
1	Knoblauchzehe
2	Bio-Orangen
2 EL	Olivenöl
1 EL	brauner Zucker
30 g	Butter

• Für die Spieße das Seeteufelfilet abspülen, mit Küchenkrepp trocken tupfen und eventuell Hautreste entfernen. Fischfleisch in 12–16 Würfel schneiden und mit Zitronensaft beträufeln. Rosmarinzweige abspülen, trocken schütteln und eventuell einige Nadeln abzupfen. Je 3–4 Seeteufelwürfel auf einen Rosmarinzweig stecken und mit Salz und Pfeffer würzen.

• Für das Gemüse den Chicorée längs halbieren und den unteren Kern keilförmig herausschneiden. Knoblauch abziehen und in Scheiben schneiden.

• Orangen heiß abspülen und trocken reiben. Die Schale von 1 Orange mit einem Zestenreißer in Streifen abziehen, restliche Schale und die weiße Haut mit einem Messer vollständig abschneiden. Orange in dünne Scheiben schneiden. Die zweite Orange auspressen (ergibt etwa 100 ml Saft).

• 1 EL Olivenöl in einer Pfanne erhitzen. Chicorée mit der Schnittfläche nach unten darin goldbraun anbraten und wenden. Knoblauch, Zucker und Orangensaft dazugeben und bei kleiner Hitze in etwa 5 Min. garen.

• Restliches Olivenöl in einer zweiten Pfanne erhitzen. Seeteufelspieße darin rundherum etwa 4 Min. braten. Chicorée salzen und auf Tellern anrichten.

• Butter, Orangenschale und -scheiben in den Bratsud geben und aufschäumen lassen. Die Sauce über den Chicorée gießen. Seeteufelspieße darauf anrichten.

Tipp **Das Rosmarinaroma ist sehr kräftig, wer dies nicht mag, sollte Holspießchen verwenden und die Sauce mit einigen Rosmarinnadeln abschmecken.**

Fischgratin mit Nudeln

einfach

2	**Portionen**
	Zubereitungszeit 45 Min.
	Backzeit 14 Min.
Pro Portion	**ca. 670 kcal, E 40 g, F 28 g, KH 63 g**

200 g	Seefischfilet (Kabeljau oder Lachs)
	Salz, frisch gemahlener Pfeffer
3 EL	Zitronensaft
200 g	Fenchelknolle
1 EL	Öl
150 g	Orecchiette-Nudeln
	Fett für die Förmchen
2	Knoblauchzehen
40 g	junger Parmesan-Käse
75 g	Sahne
75 ml	Milch
1 TL	Kurkumapulver
½ Bund	Schnittlauch

- Fischfilet kalt abspülen, mit Küchenkrepp trocken tupfen und in mundgerechte Stücke schneiden. Salzen und pfeffern. Mit Zitronensaft vermischen und 15 Min. marinieren lassen.

- Fenchel putzen, abspülen, längs halbieren und den Strunk herausschneiden. Fenchelhälften in feine Streifen schneiden. Öl erhitzen, die Fenchelstreifen darin glasig dünsten und mit der Zitronenmarinade vom Fisch beträufeln.

- Salzwasser aufkochen. Nudeln dazugeben und nach Packungsangabe bissfest kochen. Nudeln in ein Sieb gießen, zum Fenchel geben und untermischen. Zwei Gratinförmchen einfetten. Die Fenchel-Nudel-Mischung in die Förmchen geben. Mit den Fischstücken belegen.

- Backofen auf 200° (Umluft 180°, Gas Stufe 4) vorheizen. Knoblauch abziehen und zerdrücken. Käse fein reiben. Sahne und Milch mit Kurkumapulver und Knoblauch verrühren und über die Nudeln gießen. Mit Käse bestreuen und 12–14 Min. im Backofen goldbraun backen. Schnittlauch abspülen, trocken schütteln und in Röllchen schneiden. Gratin kurz vor dem Servieren mit Schnittlauchröllchen bestreuen.

Kartoffelspieße mit Fisch

raffiniert

4	**Portionen**
	Zubereitungszeit 50 Min.
Pro Portion	**ca. 405 kcal, E 37 g, F 15 g, KH 25 g**

750 g	fest kochende, gleich große Kartoffeln
	Salz
700 g	Lengfischfilet
	frisch gemahlener Pfeffer
3–4 EL	Zitronensaft
	Kaffir-Limettenblätter (oder kleine Rosmarinzweige)
3 EL	Olivenöl
80 g	Chorizo (spanische Knoblauchwurst; oder durchwachsener Bauchspeck)
2	Lauchzwiebeln

- Kartoffeln schälen, abspülen und in Salzwasser je nach Größe 12–15 Min. kochen. Abgießen, kalt abspülen und gut abdampfen lassen.

- Inzwischen den Backofengrill oder nur den Backofen auf 220° (Umluft 200°, Gas Stufe 5) vorheizen. Lengfisch abspülen, mit Küchenkrepp trocken tupfen und in grobe Würfel schneiden. Fisch mit Salz, Pfeffer und Zitronensaft würzen.

- Kartoffeln und Fischwürfel im Wechsel mit Kaffir-Limettenblättern auf zwei Spieße stecken (durch den Doppelspieß werden die Kartoffeln und Fischstücke besser gehalten). Spieße auf ein Backblech legen und mit Olivenöl beträufeln. Von jeder Seite 4–5 Min. grillen oder im Backofen ohne Grill 10–12 Min. backen.

- Die Chorizo-Wurst fein hacken. Grillfond vom Blech in eine Pfanne geben und die Chorizo darin braten, bis sie knusprig ist.

- Lauchzwiebeln putzen, abspülen und in feine Ringe schneiden. Chorizo und Lauchzwiebeln mischen und zu den Spießen servieren.

Tipp **Kaffir-Limettenblätter gibt's im Asialaden.**

Kartoffeln mit Dorade

einfach | raffiniert

4	**Portionen**
	Zubereitungszeit 50 Min.
	Backzeit 12 Min.
Pro Portion	**ca. 380 kcal, E 24 g, F 19 g, KH 18 g**
500 g	fest kochende Kartoffeln
	Salz
500 g	Doradenfilets mit Haut
	Fett für die Förmchen
16 EL	Weißwein
150 g	Sahne
2	Fleischtomaten
	Meersalz (z. B. Fleur de Sel)
	frisch gemahlener Pfeffer

• Den Backofen auf 200° (Umluft 180°, Gas Stufe 4) vorheizen. Kartoffeln schälen, abspülen und in dünne Scheiben schneiden oder auf der Gemüsereibe hobeln. Salzwasser aufkochen, Kartoffeln darin 5 Min. vorkochen. Kartoffelscheiben in ein Sieb gießen, kalt abspülen und gut abtropfen lassen.

• Fischfilets abspülen, mit Küchenkrepp trocken tupfen und in sechs Stücke schneiden. Kleine feuerfeste Förmchen einfetten und mit Kartoffelscheiben auslegen. Die Fischstücke darauflegen und mit Weißwein und Sahne beträufeln.

• Fleischtomaten abspülen, trocken tupfen und quer zu den Stielansätzen halbieren. Die Kerne herausdrücken und das Tomatenfleisch würfeln. Tomatenwürfel auf dem Fisch verteilen und mit Salz und Pfeffer kräftig würzen. Im Ofen etwa 12 Min. backen. Warm oder kalt servieren.

Tipps **»Fleur de Sel« ist ein besonders aromatisches handgeschöpftes Meersalz aus Frankreich. Wörtlich übersetzt heißt es »Blume des Salzes«. Mit einer Kelle wird das Salz sorgfältig von der Oberfläche des Wassers abgeschöpft. Das Salz ist weiß bis leicht rosa, was durch einen kleinen Anteil von Algen hervorgerufen wird. Von allen Salzen hat »Fleur de Sel« den höchsten Anteil an Mineralstoffen und die Qualität wird streng kontrolliert.**

Das Gericht können Sie auch mit jedem anderen Seefisch zubereiten.

Lachsforelle mit Ingwer

schnell | für Gäste

5	**Portionen**
	Zubereitungszeit 25 Min.
	Backzeit 15 Min.
Pro Portion	**ca. 330 kcal, E 49 g, F 14 g, KH 0 g**

2	Lachsforellenfilets mit Haut (etwa 1,2 kg)
½ EL	Meersalz
1 TL	Korianderkörner
1 Stück	frischer Ingwer (ca. 3 cm)
½	Bio-Zitrone
3 EL	Erdnussöl (oder Sonnenblumenöl)
1 TL	Anissamen

- Den Backofen auf 180° (Umluft 160°, Gas Stufe 3) vorheizen. Lachsforellenfilets abspülen, mit Küchenkrepp trocken tupfen und mit der Hautseite nach unten in eine ofenfeste Form legen. Meersalz und Korianderkörner in einem Mörser grob zerstoßen.
- Ingwer schälen und auf der Gemüsereibe fein reiben. Meersalzmischung und Ingwer auf die Fischfilets streuen.
- Die Zitrone heiß abspülen, trocken tupfen und in Spalten schneiden. Die Zitronenspalten auf den Fischfilets verteilen. Den Fisch im Backofen (unten) etwa 15 Min. backen.
- Das Öl in einer Pfanne erhitzen und die Anissamen darin kurz anrösten. Kurz vor dem Anrichten das Anisöl über die Filets träufeln.

Dazu Kartoffel-Pastinaken-Püree

Tipp **Lachsforellen leben in den ersten Jahren im Süßwasser, wandern dann zum Meer und kehren zum Laichen zurück ins Süßwasser, genau wie die Wildlachse auch. Das Fleisch ist sehr fein und aromatisch und hat eine zartrosa Farbe. Die Fische erreichen eine Länge von bis zu 1,4 Metern. Im Handel sind aber meist die kleineren Fische zu bekommen.**

Spargelrisotto mit Kaviar

für Gäste

5	**Portionen**
	Zubereitungszeit 45 Min.
Pro Portion	**ca. 430 kcal, E 11 g, F 15 g, KH 58 g**

1,5 l	Gemüse- oder Geflügelfond (aus dem Glas)
1	kleine Zwiebel
250 g	Spargel (evtl. je zur Hälfte weißer und grüner Spargel)
50 g	Butter
350 g	Risottoreis
100 ml	trockener Sekt (Champagner oder Brühe)
60 g	Parmesan-Käse
1 EL	Olivenöl
	Meersalz, frisch gemahlener Pfeffer
5 TL	Forellen-Kaviar

• Fond in einen Topf geben und aufkochen. Zwiebel abziehen und fein würfeln. Weißen Spargel ganz, grünen nur im unteren Drittel schälen. Spargelstangen schräg in Scheiben schneiden und die Spargelköpfe beiseitelegen.

• Butter in einem Topf aufschäumen lassen. Zwiebel dazugeben und hellgelb dünsten. Den trockenen Reis dazugeben und unter Rühren 2–3 Min. dünsten. Den Sekt dazugießen und unter Rühren einkochen lassen.

• Den kochend heißen Fond kellenweise immer dann dazugeben, wenn die Flüssigkeit vom Reis aufgesogen ist. Dabei zwischendurch umrühren.

• Den Parmesan-Käse reiben. Öl in einer Pfanne erhitzen, die Spargelköpfe dazugeben, 2 Min. braten und mit Salz und Pfeffer würzen.

• Die Spargelscheiben 5 Min. vor dem Garzeitende zum Risotto geben. Den Risotto mit Meersalz und Pfeffer abschmecken.

• Zum Servieren die Spargelköpfe über das Risotto streuen und mit einem Klecks Forellen-Kaviar servieren.

Fischcurry mit Kokoscreme

für Gäste | raffiniert

4	**Portionen**
	Zubereitungszeit 40 Min.
Pro Portion	**ca. 420 kcal, E 24 g, F 32 g, KH 6 g**
500 g	Fischfilet (z. B. Seelachs)
	Salz, frisch gemahlener Pfeffer
4 TL	Ingwer-Curry (oder mildes Currypulver)
2	Zwiebeln
2	Knoblauchzehen
1 Stück	frischer Ingwer (ca. 1 cm)
2 EL	Sonnenblumenöl
100 ml	Tamarindensaft (aus der Dose; oder Orangensaft)
400 ml	cremige Kokosmilch (aus der Dose)
	Öl zum Ausbacken
1–2 TL	Limettensaft
1 EL	heller Saucenbinder
2 Stängel	Koriandergrün

• Das Fischfilet abspülen, mit Küchenkrepp trocken tupfen und in Stücke schneiden. Salz, Pfeffer und 2 TL Ingwer-Curry über die Fischstücke geben und mischen.

• Zwiebeln, Knoblauch und Ingwer schälen, alles fein hacken oder im Mörser zu einer Paste verarbeiten. Sonnenblumenöl erhitzen, die Zwiebelmischung und restliches Ingwer-Curry darin andünsten. Tamarindensaft und Kokosmilch dazugeben und bei kleiner Hitze 15 Min. kochen lassen.

• Zum Ausbacken Öl erhitzen. Es hat die richtige Temperatur, wenn sich an einem in das Öl getauchten Holzlöffelstiel kleine Bläschen bilden. Die Fischstücke portionsweise darin in etwa 3 Min. ausbacken und auf Küchenkrepp abtropfen lassen.

• Zwiebel-Curry-Mischung mit Salz und Limettensaft abschmecken und mit Saucenbinder binden. Die Fischwürfel in die Sauce geben. Koriandergrün abspülen, trocken schütteln, die Blätter hacken und über das Curry streuen.

Dazu Basmati-Reis

Fischcurry mit Erbsen

schmeckt Kindern | raffiniert

2	**Portionen**
	Zubereitungszeit 20 Min.
Pro Portion	**ca. 325 kcal, E 20 g, F 15 g, KH 26 g**

150 g	Fischfilet (z. B. Pangasius)
1	Zitrone
1	Zwiebel
1	Knoblauchzehe
1 Stück	frischer Ingwer (ca. 2 cm)
1	große Kartoffel
1 TL	Öl
2 EL	Madras-Curry
400 ml	Gemüsebrühe
⅛ l	cremige Kokosmilch (aus der Dose)
1 EL	mildes Mango-Chutney
1 TL	Honig
100 g	TK-Erbsen
	Salz, frisch gemahlener Pfeffer

• Das Fischfilet abspülen, mit Küchenkrepp trocken tupfen und in Stücke schneiden. Die Zitrone auspressen und das Fischfilet damit beträufeln.

• Zwiebel und Knoblauch abziehen und würfeln. Den Ingwer schälen und fein hacken. Kartoffel schälen, abspülen und würfeln. Das Öl in einem Topf erhitzen und die Zwiebelwürfel darin glasig dünsten. Das Currypulver darüberstäuben und kurz mitdünsten.

• Knoblauch und Ingwer dazugeben und kurz dünsten. Kartoffelwürfel, Gemüsebrühe, Kokosmilch, Mango-Chutney und Honig dazugeben und zugedeckt etwa 8 Min. kochen lassen. Fisch und Erbsen dazugeben und zugedeckt in 3 Min. bei mittlerer Hitze gar ziehen lassen. Das Fischcurry mit Salz und Pfeffer abschmecken.

Dazu Basmati-Reis

Tipp **Ingwerknollen sind die verdickten Wurzeln einer Schilfstaude aus den Tropen. Der Geschmack ist blumig bis scharf und kann je nach Herkunft variieren. Ingwer schmeckt als Gewürz zu pikanten und süßen Gerichten. Bei uns werden frische Knollen, gemahlener und kandierter Ingwer im Handel angeboten. Die frischen Knollen müssen prall und fest sein. Schrumpeligen Ingwer nicht verwenden, er ist faserig und trocken.**

Meeresfrüchte

Meeresfrüchte gelten bei vielen Völkern als nahezu heiliges Essen. Auf dem berühmten Gemälde »Die Geburt der Venus« von Botticelli entsteigt die Göttin einer Jakobsmuschel. Können wir gut verstehen!

Crabmeat mit Mango

schnell | etwas teurer

4	**Portionen als Vorspeise**
	Zubereitungszeit 20 Min.
Pro Portion	**ca. 320 kcal, E 9 g, F 17 g, KH 33 g**

400 g	gekochtes Crabmeat (z. B. Garnelen, Flusskrebsschwänze, Hummerscheren, Surimi)
1	reife Mango (600 g)
80 g	Delikatess-Mayonnaise
3–4 EL	Joghurt
1	grüne Chilischote
1	Knoblauchzehe
	Salz, frisch gemahlener Pfeffer

- Das Crabmeat mit einem Messer in mundgerechte Stücke teilen. Für die Mango-Mayonnaise die Mango schälen, das Fruchtfleisch erst vom Stein, dann in feine Würfel schneiden.
- Mayonnaise, Joghurt und Mangowürfel verrühren. Die Chilischote längs aufschneiden, putzen, abspülen und hacken (mit Küchenhandschuhen arbeiten). Den Knoblauch abziehen und ebenfalls fein hacken.
- Chili und Knoblauch unter die Mayonnaise rühren. Die Mango-Mayonnaise mit Salz und Pfeffer abschmecken und extra zum Crabmeat servieren.

Dazu Baguette

Tipps **Flusskrebsschwänze und Hummerscheren sind nicht ganz billig.**

Die Mango-Mayonnaise schmeckt auch als Sauce zu Räucherlachs, Matjesfilets oder marinierten Heringen.

Risotto mit Meeresfrüchten

für Gäste | etwas teurer

4	**Portionen**
	Zubereitungszeit 1 Std. 15 Min.
Pro Portion	**ca. 650 kcal, E 34 g, F 21 g, KH 75 g**

3	Knoblauchzehen
1 Bund	Suppengrün
2 EL	Olivenöl
200 g	passierte Tomaten
1 EL	Tomatenmark
etwa 1,5 l	Fischfond (aus dem Glas)
	Meersalz, frisch gemahlener Pfeffer
1 Msp.	Chilipulver
600 g	TK-Meeresfrüchte
4	Rotbarbenfilets (à 50 g)
100 g	Schollenfilet
1	Schalotte
50 g	Butter
280 g	Risottoreis
⅛ l	Weißwein
½ TL	abgeriebene Schale von
	1 Bio-Zitrone
2 Stängel	Kerbel

- Für die Sauce Knoblauch abziehen, Suppengrün putzen oder schälen und fein würfeln. 2 EL Olivenöl erhitzen, das Gemüse darin anbraten. Passierte Tomaten und Tomatenmark zugeben und alles etwa 5 Min. schmoren. 200 ml Fond dazugeben und 15 Min. kochen lassen. Mit Salz, Pfeffer und Chilipulver würzen.

- Meeresfrüchte auftauen lassen und Fischfilets abspülen und gut abtropfen lassen. Schollenfilet in Stücke schneiden.

- Für das Risotto Schalotte abziehen und fein würfeln. 20 g Butter in einem Topf aufschäumen lassen. Schalotte dazugeben und hellgelb dünsten. Den Reis dazugeben und unter Rühren 2–3 Min. dünsten. Restlichen Fischfond erhitzen.

- Den Wein dazugießen und unter Rühren einkochen lassen. Kochend heißen Fischfond kellenweise dazugeben, wenn die Flüssigkeit vom Reis aufgesogen ist. Dabei zwischendurch umrühren.

- Zwischendurch die Sauce noch einmal aufkochen. Restliche Butter und Zitronenschale dazugeben, und so lange rühren, bis sie cremig ist. Mit Salz und Pfeffer abschmecken. In der heißen Sauce zuerst die Meeresfrüchte 5 Min. ziehen lassen. Fischfilet dazugeben und alles etwa 10 Min. ziehen lassen.

- Kerbel waschen, trocken schütteln, die Blätter abzupfen. Risotto in tiefe Teller geben. Fisch, Meeresfrüchte und Sauce darübergeben. Mit Kerbel garnieren.

Dazu geröstetes Ciabatta-Brot

Garnelen auf Spitzkohl

fettarm | einfach

3 Portionen
Zubereitungszeit 35 Min.
Garzeit 10 Min.
Pro Portion **ca. 250 kcal, E 31 g, F 7 g, KH 13 g**

2–3	Kaffir-Limettenblätter
1	rote Zwiebel
1	Knoblauchzehe
9–12	geschälte Riesengarnelenschwänze (etwa 360 g)
2 EL	Orangensaft
2 EL	Mirin (süßer Koch-Reiswein)
2 EL	helle Sojasauce
1 EL	geröstetes Sesamöl
1	Spitzkohl (400 g)
100 g	Zuckerschoten (oder TK-Erbsen)
1	dicke Möhre

- Die Limettenblätter heiß abspülen, trocken tupfen und längs in sehr feine Streifen schneiden. Zwiebel und Knoblauch abziehen und fein hacken.

- Die Garnelenschwänze mit einem scharfen Messer am Rücken entlang einschneiden und den dunklen Darm entfernen. Abspülen und trocken tupfen. Orangensaft, Mirin, Sojasauce und Sesamöl verrühren. Mit Garnelen und Limettenblätter mischen und abgedeckt 30 Min. marinieren lassen.

- Inzwischen den Spitzkohl putzen und in feine Streifen schneiden. Zuckerschoten putzen, abspülen und halbieren. Möhre putzen, schälen und in hauchdünne Scheiben schneiden.

- Wasser aufkochen. Backofenrost herausnehmen. Backofen auf 200° (Umluft 180°, Gas Stufe 4) vorheizen. Kohl und Möhre im Wasser 30 Sek. kochen. Zuckerschoten dazugeben und weitere 30 Sek. kochen. Gemüse in ein Sieb geben, kalt abspülen und abtropfen lassen.

- Garnelen aus der Marinade nehmen. Gemüse und Garnelen-Marinade vermischen und in einen Bratbeutel geben. Garnelen auf dem Gemüse verteilen. Bratbeutel fest verschließen, oben mehrmals einstechen und auf den kalten Backofenrost legen. Im Backofen etwa 10 Min. backen.

Sprossen-Wraps

schnell | kalorienarm

3 **Portionen**
Zubereitungszeit 30 Min.
Pro Portion **ca. 180 kcal, E 12 g, F 8 g, KH 12 g**

100 g	Thaispargel (oder grüner Spargel)
3 EL	Erdnussöl
4 ½ EL	Sojasauce
20 g	Galgant (oder Ingwer mit etwas Zitronensaft)
2	Knoblauchzehen
3 EL	Fischsauce (Asialaden)
100 g	Surimi (Krebsfleischersatz; oder gekochtes Tiefseekrabbenfleisch)
½ Bund	Koriandergrün
90 g	Mungobohnen-Sprossen
6	dreieckige oder runde Reisblätter (Asialaden)
	süß-scharfe Chilisauce

- Den Spargel abspülen und die unteren Enden knapp abschneiden. 1 EL Öl in einer Pfanne erhitzen und den Spargel darin kurz anbraten. 1 TL Sojasauce zum Spargel geben und abkühlen lassen.

- Den Galgant schälen und fein würfeln. Knoblauch abziehen und ebenfalls fein würfeln. Restliches Öl erhitzen, Galgant und Knoblauch darin kurz anbraten, die restliche Soja- und Fischsauce dazugeben. Alles einmal aufkochen, dann abkühlen lassen und die Sauce durch ein Sieb gießen.

- Surimi in Streifen schneiden. Koriandergrün abspülen, trocken schütteln und die Blätter abzupfen. Sprossen abspülen und abtropfen lassen. Reisblätter nacheinander in lauwarmes Wasser legen, bis sie weich sind (dauert etwa 2 Min.).

- Jeweils 1 Reisblatt auf ein Küchentuch legen, leicht abtupfen und mit etwas Spargel, Surimistreifen, Sprossen und Korianderblättchen belegen. Die Füllung mit etwas Sauce beträufeln und die Reisblätter mit feuchten Fingern zusammenrollen. Die Wraps mit süß-scharfer Chilisauce servieren.

Tipp **Galgant, auch Siam-Ingwer genannt, ist eine Pflanze aus dem Süden Chinas. Die Wurzeln werden frisch oder getrocknet als Gewürz für viele Gerichte und Liköre (Magenbitter) genommen. Der Geschmack ähnelt dem von Ingwer.**

Tintenfischringe mit Paprika

einfach

4 Portionen
Zubereitungszeit 40 Min.
Pro Portion ca. 360 kcal, E 18 g, F 21 g, KH 14 g

2	rote Paprikaschoten
1	gelbe Paprikaschote
200 ml	Gemüsebrühe
100 g	Sahne
200 ml	Weißwein (oder Geflügelfond)
3 TL	Speisestärke
1 Beet	Gartenkresse (oder Rucolakeimlinge)
	Salz, frisch gemahlener Pfeffer
450 g	kleine, küchenfertige TK-Tintenfische (aufgetaut)
2 EL	Öl

- Die Paprikaschoten mit einem Sparschäler dünn schälen. Paprika längs achteln, putzen und abspülen. Paprikaachtel und Brühe in einen breiten Topf geben und bei kleiner Hitze etwa 8 Min. garen.
- Inzwischen Sahne und Wein aufkochen. Stärke und 1 EL Wasser glatt rühren und mit einem Schneebesen in die kochende Sahnemischung rühren. 1 Min. kochen lassen. Die Kresse mit einer Schere vom Beet schneiden, etwas zum Garnieren beiseitelegen und den Rest in die Sauce geben. Sauce mit einem Stabmixer pürieren, mit Salz und Pfeffer abschmecken.
- Die Tintenfische abspülen und gut trocken tupfen. Öl in einer Pfanne erhitzen, die Tintenfische darin rundherum braun braten und mit Salz und Pfeffer würzen. Die Tintenfische nicht zu lange braten, sonst werden sie zäh! Paprika aus der Brühe nehmen und mit den Tintenfischringen anrichten. Restliche Kresse darüberstreuen. Die Sauce extra dazuservieren.

Dazu Baguette oder Basmati-Reis

Frittierte Tintenfischringe

schnell | einfach

2	**Portionen**
	Zubereitungszeit 30 Min.
Pro Portion	**ca. 500 kcal, E 27 g, F 32 g, KH 27 g**
1	Zitrone
½	Salatgurke
1	Apfel
2 EL	Olivenöl
½ Bund	Dill
	Salz, frisch gemahlener Pfeffer
300 g	küchenfertige Kalmare-Tuben (oder TK-Tintenfischringe)
1 EL	Korianderkörner
80 g	Mehl
	Öl zum Frittieren
3	Eiweiße

- Für den Dip die Zitrone auspressen. Die Salatgurke schälen, längs halbieren und mit einem Teelöffel entkernen. Den Apfel abspülen und trocken reiben. Apfel auf einer Gemüsereibe rundherum bis auf das Kerngehäuse fein raspeln. Die Gurke ebenfalls fein raspeln.

- 2 EL Zitronensaft und Öl unterrühren. Dill abspülen und trocken schütteln. Dillspitzen fein hacken und zum Dip geben. Mit Salz und Pfeffer abschmecken.

- Kalmare abspülen, mit Küchenkrepp trocken tupfen und in dünne Ringe schneiden. Mit etwas Zitronensaft beträufeln.

- Koriander im Mörser zerdrücken und mit Salz, Pfeffer und dem Mehl mischen. Öl erhitzen. Das Öl hat die richtige Temperatur, wenn sich an einem in das heiße Öl getauchten Holzlöffelstiel kleine Bläschen bilden.

- Eiweiße leicht verschlagen. Kalmare erst im Mehl wenden, überschüssiges Mehl abklopfen, dann im Eiweiß wenden. Öl erhitzen. Kalmare portionsweise darin goldbraun ausbacken. Auf Küchenkrepp abtropfen lassen. Auf Tellern anrichten und mit Gurken-Apfel-Dip servieren.

Kartoffel-Tintenfisch-Pfanne

einfach

3 Portionen
Zubereitungszeit 50 Min.
Pro Portion ca. 435 kcal, E 36 g, F 16 g, KH 36 g

500 g	Kartoffeln
	Salz
500 g	küchenfertige Kalmare (Tintenfische oder TK-Kalmare)
300 g	Hokkaidokürbis
2	rote Zwiebeln
2	Knoblauchzehen
2 EL	Olivenöl
1 EL	Butter oder Margarine
	frisch gemahlener Pfeffer
etwa 1 TL	Rosmarinnadeln (frisch oder getrocknet)
	Saft von ½ Zitrone

• Die Kartoffeln gründlich abspülen und mit Schale in Salzwasser etwa 20 Min. kochen. Kartoffeln abgießen, kurz ausdämpfen lassen und noch heiß pellen. Die Kartoffeln ganz abkühlen lassen und in Scheiben schneiden.

• Inzwischen die Kalmare abspülen, mit Küchenkrepp trocken tupfen, in Ringe schneiden und mit Salz würzen. Kürbis in Spalten schneiden, entkernen, schälen und die Spalten in Scheiben schneiden. Zwiebeln abziehen und in Scheiben schneiden. Knoblauch abziehen und durch die Knoblauchpresse drücken.

• 1 EL Olivenöl und die Butter oder Margarine in einer Pfanne erhitzen. Kartoffeln und Knoblauch darin von allen Seiten goldbraun braten. Die Kartoffeln mit Salz und Pfeffer würzen, auf einen Teller geben und im Backofen warm halten.

• 1 EL Olivenöl erhitzen, den Kürbis darin etwa 3 Min. braten. Zwiebeln und Rosmarin dazugeben und weitere 3 Min. braten. Aus der Pfanne nehmen.

• Den Tintenfisch mit Zitronensaft beträufeln und in der Pfanne etwa 2 Min. braten. Kürbis, Zwiebeln und Kartoffeln dazugeben und mit Salz und Pfeffer abschmecken. Sofort servieren.

Dazu grünen Salat

Tipp **Damit die Kartoffelscheiben schön ganz bleiben, die Pfanne am besten nur schwenken.**

Ligurischer Tintenfischsalat

raffiniert

4	**Portionen**
	Zubereitungszeit 1 Std. 10 Min.
	Ruhezeit 30 Min.
Pro Portion	**ca. 440 kcal, E 27 g, F 20 g, KH 23 g**

500 g	kleine, küchenfertige Tintenfische
1	Zwiebel
6 EL	Olivenöl
4	Pimentkörner
1	Lorbeerblatt
¼ l	trockener Weißwein (oder Brühe mit etwas Zitronensaft)
400 ml	Fischfond (aus dem Glas)
50 g	schwarze Oliven mit Stein
2	Tomaten
1 Bund	glatte Petersilie
1 Dose	braune Bohnen (240 g Abtropfgewicht)
3–4	Pellkartoffeln vom Vortag
1	Römersalat
3	Zitronen
2 TL	körniger Dijon-Senf
2 EL	Balsamessig
	Salz, frisch gemahlener Pfeffer, etwas Cayennepfeffer

• Die Tintenfische abspülen und mit Küchenkrepp trocken tupfen. Zwiebel abziehen und fein würfeln. 2 EL Olivenöl erhitzen, Zwiebel darin glasig dünsten. Pimentkörner, Lorbeerblatt, Wein und Fond dazugeben und aufkochen. Tintenfische dazugeben und zugedeckt bei mittlerer Hitze 20 Min. kochen lassen. Vom Herd nehmen und die Tintenfische zugedeckt im Fond weiter ziehen lassen.

• Oliven entsteinen und in Streifen schneiden. Tomaten abspülen. Petersilie abspülen, trocken schütteln und die Blätter fein hacken. Bohnen abtropfen lassen. Kartoffeln pellen und in dicke Scheiben schneiden. Salat putzen, abspülen und trocken schleudern. Das Herzstück in feine Streifen schneiden. Salatstreifen, Oliven, Petersilie, Kartoffeln, Bohnen und Tintenfische gut vermischen.

• 2 Zitronen auspressen. Zitronensaft, Senf, Essig, Salz, Pfeffer, Cayennepfeffer und das restliche Olivenöl verrühren und über den Salat träufeln. Eventuell noch etwa 2–3 EL von dem Tintenfischfond dazugeben. Gut vermischen und abgedeckt etwa 30 Min. durchziehen lassen.

• Restliche Salatblätter in eine flache Schüssel oder auf Teller legen und den Tintenfischsalat darauf verteilen. Tomaten vierteln, die restliche Zitrone achteln. Den Salat mit Tomaten- und Zitronenspalten anrichten und servieren.

Dazu getoastetes Baguette oder Ciabatta und gesalzene Butter

Muscheln mit Korianderdip

schnell | einfach

2	**Portionen**
	Zubereitungszeit 25 Min.
Pro Portion	**ca. 325 kcal, E 12 g, F 22 g, KH 21 g**

1 kg	Venusmuscheln
1 Bund	Suppengemüse
1 EL	Butter
	Salz, geschroteter Pfeffer
½ l	trockener Weißwein (oder Wasser mit dem Saft von 1 Zitrone)
2 Scheiben	Weißbrot
1 Bund	Koriandergrün
4 EL	Öl
2 EL	Zitronensaft
	Chilipulver
	Zucker

• Die Muscheln gründlich abspülen, dabei offene Exemplare aussortieren. Das Suppengemüse putzen und abspülen. Sellerie und Möhre fein würfeln. Porree in dünne Ringe schneiden. Die Butter erhitzen und das Suppengemüse darin 5 Min. dünsten. Mit Salz und Pfeffer würzen. Muscheln und Wein dazugeben, aufkochen und zugedeckt etwa 10 Min. dünsten.

• Für den Korianderdip das Weißbrot würfeln und 4 EL Wasser darübergeben. Koriandergrün abspülen, trocken schütteln und die Blätter abzupfen. Korianderblätter, eingeweichtes Brot, Öl und Zitronensaft mit dem Stabmixer pürieren. Mit Salz, Chilipulver und 1 Prise Zucker abschmecken. Wenn der Dip zu fest ist, eventuell noch etwas Muschelsud unterrühren.

• Die Muscheln in einer großen Schüssel oder im Topf im Sud servieren und den Korianderdip zu den Muscheln servieren.

Dazu Baguette

Tipps Der Korianderdip schmeckt natürlich auch zu Miesmuscheln, die nach dem gleichen Rezept zubereitet werden können.

Venusmuscheln kommen aus dem Mittelmeer und werden nicht immer angeboten. Also lieber beim Fischhändler fragen und vorbestellen.

Beim Vorbereiten der Muscheln darauf achten, dass bereits geöffnete Muscheln verdorben sind und weggeworfen werden müssen. Während des Kochens öffnen sich die Muschelschalen. Muscheln, die dann noch geschlossen sind, müssen aussortiert werden. Dasselbe gilt für Miesmuscheln.

Klassiker

Muscheln in Fenchelsud

In den Monaten mit »R« ist Muschelsaison. Wir lieben alles, was Saison hat, deshalb empfehlen wir auch dieses Rezept vom kühlen September bis in den frühen April.

3	**Portionen**
	Zubereitungszeit 35 Min.
Pro Portion	**ca. 310 kcal, E 33 g, F 8 g, KH 21 g**

2	Fenchelknollen
4	Schalotten
2	Bio-Orangen
½ Bund	Dill
1 EL	Öl
200 ml	Fischfond (aus dem Glas)
100 ml	Wermut
	Salz, Zucker
2 kg	vorbereitete Miesmuscheln (Tipp!)
1–2 TL	rosa Pfefferbeeren

- Fenchel putzen, abspülen, vierteln und den Strunk herausschneiden. Fenchelviertel in Streifen schneiden. Schalotten abziehen und längs achteln.
- Orangen heiß abspülen und trocken reiben. Die Schale von ½ Orange fein abreiben. Beide Orangen auspressen. Den Dill abspülen, trocken schütteln und die Dillspitzen hacken.
- Öl in einem großen und weiten Topf erhitzen, Schalotten und Fenchel dazugeben und glasig dünsten. Fischfond, Wermut, Orangensaft- und Schale dazugießen und aufkochen. Den Sud mit Salz und Zucker abschmecken.
- Die Muscheln in den Sud geben und zugedeckt unter mehrmaligem Schwenken etwa 5–10 Min. garen, bis die Muschelschalen weit geöffnet sind. Geschlossene Muscheln aussortieren.
- Die rosa Pfefferbeeren in einem Mörser grob zerstoßen. Muscheln mit Dill und Pfefferbeeren bestreuen und sofort servieren.

Dazu Pommes frites – so lieben es auch unsere Nachbarn in Holland und Belgien.

1

2

Tipp

Muscheln gründlich unter kaltem Wasser abspülen. Den schwarzen »Bart« (Step 1) abzupfen. Offene und beschädigte Muscheln aussortieren (Step 2).

Muscheln in Tomaten-Weinsud

einfach

3	**Portionen**
	Zubereitungszeit 1 Std.
Pro Portion	**ca. 490 kcal, E 51 g, F 10 g, KH 36 g**

1 Bund	Suppengrün
500 g	Kartoffeln
3	Knoblauchzehen
½ Bund	Estragon
1 EL	Öl
1 TL	Anissamen
1 Dose	Tomatenstücke (400 g Einwaage)
200 ml	Weißwein
	Salz, frisch gemahlener Pfeffer, Zucker
2 kg	vorbereitete Miesmuscheln (Tipp Seite 129)

• Das Suppengrün putzen und abspülen. Sellerie und Möhre fein würfeln. Porree in dünne Ringe schneiden. Kartoffeln schälen, abspülen und würfeln. Knoblauch abziehen und fein hacken. Estragon abspülen, trocken schütteln und die Blätter abzupfen.

• Das Öl in einem weiten, großen Topf erhitzen. Das Suppengrün und die Kartoffeln dazugeben und darin anbraten. Knoblauch und Anissamen dazugeben und kurz mitbraten.

• Die Tomaten mit der Flüssigkeit und den Wein dazugießen und aufkochen lassen. Den Sud mit Salz, Pfeffer und Zucker abschmecken und bei kleiner Hitze 10 Min. kochen lassen.

• Die Muscheln in den Sud geben und zugedeckt unter mehrmaligem Schwenken etwa 5–10 Min. dünsten, bis die Muschelschalen weit geöffnet sind. Geschlossene Muscheln aussortieren. Estragon über die Muscheln streuen und sofort servieren.

Dazu Baguette

Tipp **Geübte Muschelesser nehmen zum Herauslösen des Muschelfleisches keine Gabel, sondern eine leere Muschelschale. Die geöffnete Muschel benutzen sie wie eine kleine Zange und ziehen das Muschelfleisch damit aus den anderen Muscheln heraus. Der Muschelsud, der sich unten in der Schüssel sammelt, kann wie Bouillon zum Schluss getrunken werden.**

Muscheln mit Ananas

einfach

3	**Portionen**
	Zubereitungszeit 45 Min.
Pro Portion	**ca. 390 kcal, E 47 g, F 10 g, KH 29 g**
3 Stangen	Staudensellerie
1 Stück	frischer Ingwer (ca. 2 cm)
1	Chilischote
1 Dose	Ananas (ohne Zuckerzusatz; 400 g Einwaage)
½ Bund	Koriandergrün
1 EL	Öl
1 TL	Madras-Curry
200 ml	Kokosmilch (aus der Dose)
100 ml	Gemüsebrühe
	Salz
2 kg	vorbereitete Miesmuscheln (Tipp Seite 129)

• Staudensellerie putzen, eventuell die Fäden abziehen und abspülen. Die Stangen in feine Scheiben schneiden. Ingwer schälen und fein hacken. Chilischote längs aufschneiden, putzen, abspülen und fein hacken (dabei mit Küchenhandschuhen arbeiten).

• Ananas in ein Sieb geben und abtropfen lassen, dabei den Saft auffangen. 4 Scheiben Ananas in kleine Stücke schneiden. Koriandergrün abspülen, trocken schütteln und die Blätter abzupfen.

• Das Öl in einem weiten, großen Topf erhitzen und den Staudensellerie darin glasig dünsten. Ingwer, Chili und Currypulver dazugeben und kurz mitdünsten. Kokosmilch, Gemüsebrühe und 100 ml Ananassaft dazugießen und aufkochen. Mit Salz abschmecken.

• Die vorbereiteten Muscheln in den Sud geben und zugedeckt unter mehrmaligem Schwenken etwa 5 Min. garen. Ananasstücke dazugeben und zugedeckt weitere 3–5 Min. garen, bis die Muschelschalen weit geöffnet sind. Geschlossene Muscheln aussortieren. Die Muscheln mit Korianderblättchen bestreuen und sofort servieren.

Dazu Fladenbrot oder Baguette

Das große Plus: Fisch

Lachsforelle

Hecht

Karpfen

Zander

Hering

Kabeljau

Makrele

Schellfisch

Scholle

Seelachs

Süßwasserfische

Forelle kommt aus Zuchten und ist daher eine gute Wahl. Die meisten Forellen sind Regenbogenforellen mit magerem, grätenarmem Fleisch. Sie schmeckt gebraten, geräuchert, gegrillt oder gekocht. Lachsforellen werden durch entsprechendes Futter »gefärbt«.

Hecht schmeckt sehr gut, leider sind seine Gräten sehr fest im Fleisch verwachsen, daher am besten Filets verwenden. Das Fleisch ist recht fest und trocken.

Karpfen wird vor allem in den Monaten von September bis April angeboten, Hochsaison hat der Fisch zur Weihnachtszeit. Sein Fleisch ist recht weich, es schmeckt gebacken oder gekocht. Er stammt immer aus Zuchten und ist unproblematisch.

Lachs Atlantischer Lachs gehört er zu den bedenklich eingestuften Sorten, Bio-Lachs ist okay. Er schmeckt geräuchert, eingelegt (»graved«), gekocht oder gedünstet und roh als Tartar. Auch sein Rogen ist unter Feinschmeckern als Kaviar beliebt.

Saibling gehört zur Familie der Forellen und lebt in kalten klaren Gewässern. Er wird seltener als die Forelle angeboten, weil er nicht aus Zuchten kommt. Wenn er angeboten wird – egal, ob beim Fischhändler oder im Restaurant – zugreifen!

Zander gehört zu den edleren Fischen. Sein Fleisch ist sehr zart und weiß mit feinem Aroma. Er schmeckt im Ganzen oder als Filet – pochiert oder in Butter gebraten. Er wird gezüchtet und wild gefangen.

Salzwasserfische

Dorade/Goldbrasse Sie werden immer häufiger auch aus Zuchten angeboten, trotzdem ist der Fisch als bedenklich eingestuft. Doraden gehören zu den Barschen, ihr Fleisch ist mager und schmeckt gegrillt, in der Salzkruste oder als Filet.

Hering ist einer der Lieblingsfische der Deutschen. Frisch wird er als »grüner Hering« verkauft, eingelegt als Brathering, Bismarkhering oder Rollmops oder als Matjes. Er ist fettreich und liefert viele Omega-3-Fettsäuren. Er ist nicht bedroht.

Kabeljau/Dorsch ist sehr beliebt, aber leider auch vom Aussterben bedroht. Der junge Ostsee-Kabeljau wird als Dorsch angeboten, in Südeuropa ist er getrocknet als Klippfisch oder Stockfisch im Handel. Sein Fleisch ist weiß, mager und sehr aromatisch, mit einem hohen Jodgehalt.

Makrele wird frisch, geräuchert, gebeizt und als Konserve angeboten. Je nach Jahreszeit schwankt der Fettgehalt zwischen 3 (Frühling) und 30 Prozent (Herbst). Das Fleisch ist rotbraun, aromatisch und eignet sich frisch gut für den Grill oder die Pfanne. Sie gehört zu den mittelmäßig bedrohten Arten.

Rotbarsch ist sehr beliebt, deshalb überfischt und bedroht. Rotbarsche werden meist als Filet angeboten, das Fleisch ist weiß bis weißrot, sehr aromatisch und fest. Es schmeckt gedünstet, pochiert, gegrillt, gebacken oder gebraten. Er hat viele kleine Gräten.

Schellfisch erinnert an Kabeljau und hat zartes, leicht blätteriges Fleisch. Ein Klassiker ist Schellfisch in Senfsauce. Er ist mäßig bedroht.

Scholle Die beste Zeit ist von Mai bis Oktober, dann schmecken Schollen am besten – im Ganzen gebraten oder als Filet auf Gemüse gedämpft. Leider ist die Scholle auch überfischt.

Bio-Lachs

Seelachs/Köhler ist auch mit dem Kabeljau verwandt, jedoch nicht mit dem Lachs. Sein Fleisch ist ungegart hellbraun, gegart weiß, fest und aromatisch. Als »Lachsersatz« werden geräucherte Seelachsscheiben in Öl angeboten. Er ist eine gute Wahl. **Alaska-Seelachs** ist einer der beliebtesten Fische weltweit. Wenn er aus dem Pazifik kommt, ist er auch nicht überfischt. Er hat zartes, weißes Fleisch, das meistens direkt auf den Schiffen filetiert und tiefgefroren wird.

Seeteufel/Lotte ist einer der edelsten Fische und sein Fleisch ist grätenfrei. Er wird fast immer ohne Kopf angeboten und nur das Schwanzstück wird verzehrt, die Filets werden dafür links und rechts von der großen Mittelgräte abgeschnitten. Er schmeckt in allen Varianten, ist aber vom Aussterben bedroht.

Seezunge ist auch sehr edel, quasi der schicke Verwandte der Scholle. Am besten schmecken Seezungen im Ganzen gebraten oder die gedünsteten Filets. Leider ist sie auch überfischt.

Steinbeisser/Seewolf im Englischen auch »Katfish« genannt. Er hat helles, relativ festes Fleisch, das sehr delikat schmeckt, entweder als Filet oder als Karbonade geschnitten. Ist leider auch überfischt.

Tintenfisch Die Gruppe ist groß, es gibt Kalmare mit zehn Armen und schlankem Körper, Sepien mit zwei langen und acht kurzen Armen und ovalem Körper und Oktopus, achtarmige Tintenfische. Tintenfische schmecken gebraten oder frittiert. Das Fleisch ist weiß, fest und manchmal etwas »gummiartig«.

Überfischung und Aquafarming

Viele Fischarten sind von der **Überfischung** bedroht, da zahlreiche Fische sehr langsam wachsen und es teilweise Jahre dauert, bis die Fische fortpflanzungsfähig sind. Um das Aussterben der bedrohten Fischarten zu verhindern, wurde 1996 der MSC, Marine Stewardship Council, gegründet. Dieser »Rat zur Bewahrung der Meere« vergibt ein Logo, einen kleinen Fisch in einem blauen Oval, an Fische, die umweltverträglich gefangen wurden, also aus nachhaltiger Fischerei stammen. Der Naturschutzverband WWF hat einen Fischführer herausgegeben und die beliebtesten Fische in drei Kategorien eingeteilt: annehmenbar/gute Wahl, bedenklich/zweite Wahl und bedroht/lieber nicht. Den Fischführer gibt es auch im Internet unter www.wwf.de/fisch.
Außerdem muss für alle angebotenen Fische, egal, ob frisch, gefroren oder verarbeitet, angegeben werden, wo sie gefangen worden sind und ob sie Wildfänge sind oder aus Aquakultur kommen. Das erleichtert die Kaufentscheidung.

Aquafarming, also die Zucht von Fischen, scheint eine Möglichkeit zu sein, die Wildfischbestände zu schützen. Durch die hohe Besatzdichte in den Farmen kommt es jedoch schnell zur Ausbreitung von Krankheiten, die dann durch Medikamente behandelt werden müssen. Auch ist die Fütterung nicht einfach, da dazu oftmals wiederum Wildfänge von kleinen Meerestieren verwendet werden. Außerdem machen viele Tiere auch

Tilapia

Pangasius

viel »Mist«, der wiederum aufwendig entfernt werden muss. Bekannte Aquafarming-Produkte sind Hummer aus Kanada, Muscheln, Austern und Forellen.

Tilapia und Pangasius, beides Fische aus Aquakultur, werden bei uns immer beliebter. **Tilapia** ist ein Buntbarsch, der in warmen Gewässern schnell wächst. Die meisten dieser Fische kommen aus Taiwan. **Pangasius** ist eine Welsart und kommt überwiegend aus Vietnam. Die Zuchtfische wiegen ausgewachsen etwa zwei Kilogramm. Wie Tilapia kommt auch Pangasius überwiegend filetiert auf den Markt.

Garnelen, Scampi, Prawn und Gamba

Oder doch Riesengarnele? Die Verwirrung über die richtigen Namen für diese Krebstiere ist groß, zumal es in jedem Land noch eigene Bezeichnungen gibt.

Am häufigsten verzehrt werden **Riesengarnelen**, im Englischen werden sie auch Shrimps oder Prawns genannt. »Tiger-«, »King-«, »Jumbo-« oder eben Riesengarnelen sind besonders große Exemplare, zum Beispiel die Black Tiger Garnelen. Es gibt über 2000 Garnelenarten, im Handel wird jedoch fast nur nach Größe unterschieden: Garnelenschwänze werden in Stück pro englischem Pfund (lb, entspricht 454 g) gehandelt, ganze Garnelen mit Kopf in Stück pro Kilogramm. Da eine Garnele zur Hälfte aus Schwanz und Kopf besteht, ist die Anzahl Garnelen pro Kilogramm und die der Schwänze pro Pfund bei gleicher Garnelengröße fast identisch, in der Größe 8–12 wiegt ein Schwanz im Durchschnitt 45 g, die ganze Garnele etwa 90 g.

Außerdem wird zwischen Seawater- und Freshwater-Garnelen unterschieden. Seawater- oder Salzwassergarnelen werden wild im Ozean gefangen. Sie sind länger, schlanker und haben eine dünnere Schale und knackigeres Fleisch als Fresh- oder Süßwassergarnelen, die aus der Aquakultur stammen.

Alle Garnelen schmecken warm und kalt. Die großen Exemplare werden gerne in der Schale gegrillt oder gebraten, während kleine eher mitgekocht oder für Salate verwendet werden.

Riesengarnelen werden auch als Scampi, im Singular **Scampo**, bezeichnet – das ist zwar falsch, hat sich jedoch eingebürgert. Scampo ist die italienische Bezeichnung für **Kaisergranat**, der wie ein kleiner Hummer mit schlanken Scheren aussieht. Er ist im Fleisch zart, schmeckt süßlich und aromatisch. Je nach Herkunftsland variieren Scherengröße und Geschmack.

Shrimps werden häufig die sehr kleinen Garnelen, meist Tiefseegarnelen, genannt. Sie sind relativ preiswert und schmecken im Feinkostsalat und eignen sich gut für Füllungen oder als Zutat in Reisgerichten. Sandgarnelen werden vor der Nordseeküste gefischt und kommen als Nordseekrabben in den Handel.

Eismeergarnelen sind im Durchschnitt etwas kleiner als Riesengarnelen. Sie werden immer gekocht und gefroren angeboten und sind rosaweiß. Auch sie sind günstiger als die anderen Garnelen und werden häufig im Feinkostbereich verwendet.

Riesengarnele (Tiger Prawn)

Sandgarnelen (Nordseekrabben)

Gamba ist ursprünglich die spanische Bezeichnung für Riesengarnele, oft wird der Begriff heute für Riesengarnelen mit Kopf und Schale verwendet.

Der echte **Langostino** ist eine seltene, begehrte und teure Delikatesse, auch hier wird meist der tiefgefrorene, gekochte Schwanz angeboten. Langostino ist jedoch auch die spanische Bezeichnung für Garnelen, während das französische Langoustine wiederum dem Kaisergranat entspricht.
Der Begriff **Hummerkrabben** wird fast nur noch im Chinarestaurant benutzt. Er wurde in den 50iger-Jahren als deutsche Bezeichnung für Riesengarnelen eingeführt, ist aber nicht mehr aktuell.

Flusskrebse leben nur im Süßwasser. Manchmal gibt es sie lebend und frisch, meist werden jedoch die ausgelösten Schwänze angeboten, tiefgefroren oder in Lake eingelegt. Flusskrebse schmecken sehr dezent nach Krebs, das Fleisch ist mittelfest. In Schweden werden im Juni traditionell große Krebsessen mit viel Dill und Aquavit veranstaltet. Die Krebsschwänze werden meist zu Salaten verarbeitet oder pur im Brötchen gegessen.

Muscheln

Die alte »R-Regel«, also Muscheln in Monaten mit »R« zu verzehren, ist heute noch begrenzt gültig. Früher waren die empfindlichen Muscheln nur in den Wintermonaten von September bis April überhaupt transportierbar, da es kaum Kühlmöglichkeiten gab. Daran scheitert es heute nicht mehr. Problematisch kann die Algenblüte im Sommer sein, da manche Mikroalgen im warmen Wasser Toxine bilden, die von den Muscheln aufgenommen werden. Wenn diese Werte zu hoch sind, kann es nach dem Muschelessen zu Vergiftungserscheinungen wie Erbrechen, Kopfschmerzen oder Schwindel kommen. Im Gegensatz zu verdorbenen Muscheln, die beim Vorbereiten leicht aussortiert werden können, kann man die Toxinbelastung nicht erkennen und auch nicht schmecken oder verhindern. Muscheln sind fettarm und reich an Eiweiß. Die bei

Miesmuscheln

Jakobsmuschel

uns am häufigsten verzehrte Muschel ist die blauschwarze **Miesmuschel**. Sie kommt von Zuchtbänken in der Nordsee. Muscheln müssen auch nach der »Ernte« atmen, sie dürfen also nie luftdicht verschlossen werden. Zum Kochen werden Muscheln gewaschen, dabei sollen sie sich wieder schließen, eventuell mit der Muschel einmal kurz aufklopfen. Offene Muscheln sofort aussortieren. Beim Garen müssen sie sich wieder öffnen, geschlossene sofort aussortieren, dann sind alle Muscheln frisch. Sie schmecken am besten kurz in einem Würzsud gegart.

Jacobsmuscheln werden bei uns meist ohne ihre Schale angeboten. Oftmals auch ohne den roten Rogen (Corail), der aber auch gegessen werden kann. Am beliebtesten ist das feste weiße Muskelfleisch. Sie werden auch als Pilgermuscheln bezeichnet. Jacobsmuscheln sind wie Austern schwer aus der Schale zu lösen und müssen geputzt werden (dunkle Innereien und »Bart« entfernen).
Frisch kommen sie in den Wintermonaten aus Irland und Schottland. Aus Aquafarming aus Chile. Jacobsmuscheln werden nur ganz kurz von beiden Seiten in Butter oder feinem Olivenöl gebraten.

Raffinierte Hüllen

Statt Semmelbrösel und Ei für zarte Fischfilets sechs neue Varianten für Panaden.

Elegant: Den Fisch dünn mit Mayonnaise oder Senfcreme bestreichen. Für die Panade Semmelbrösel, frisch geriebenen Parmesan-Käse und gemahlene Mandeln zu gleichen Teilen mischen.

Asiatisch: Den Fisch dünn mit süß-scharfer Chilisauce oder Sojasauce bestreichen. Für die Panade fein gehackte gesalzene Erdnusskerne mit fein gehacktem frischem Ingwer und Currypulver mischen.

Mexikanisch: Den Fisch mit fertigem mexikanischem Taco-Dip bestreichen. Für die Panade Tacochips zerkleinern und mit Chilipulver und Meersalz mischen.

Saftig: Ei mit etwas Tomatenmark verrühren. Den Fisch erst darin wenden. Für die Panade Möhren fein raspeln und gut ausdrücken. Möhrenraspel mit etwas Honig und Meersalz mischen.

Höllenscharf: Den Fisch dünn mit Wasabi (grüne Meerrettichpaste) bestreichen. Für die Panade Chiliflocken, zerdrückten Knoblauch und grobe Semmelbrösel mischen.

Mild: Ei verrühren. Den Fisch erst darin wenden. Für die Panade Zwiebackbrösel mit Salz und 1 Prise Zimtpulver mischen.

Praktische Küchengeräte

Grätenzange: Ist supernützlich, um alle Gräten zu entfernen. Die Grätenzangen gibt es im Fachhandel, sie sind leicht mit einer Hand zu bedienen und können die Gräten gut fassen. Zur Not tut es auch eine kleine Zange aus dem Baumarkt.

Fischtopf: Ein Muss für alle, die gerne Forelle »blau« essen. Wer keinen gekochten Fisch mag, kann auf den länglichen Topf auch gut verzichten. Zur Not die Forelle an Kopf und Schwanz mit Küchengarn zusammenbinden und in einem runden Topf garen, geht auch.

Fischheber: Er ist ideal, um gegarten Fisch elegant servieren zu können. Der Fischheber ist länglich-oval geformt und gibt kleinen ganzen Fischen beim Heben guten Halt. Auch für Spargelstangen bestens geeignet!

Fischpfanne: Wer gerne große Schollen, Seezungen oder andere ganze Fisch brät, sollte sich eine beschichtete, länglich-ovale Fischpfanne gönnen und darauf achten, ob die Pfanne für runde oder ovale Herdplatten gemacht ist. Am besten sind ovale Pfannen mit ovalem Boden auf einer ovalen Herdplatte, alles andere gart nicht gut, oder die Pfanne wird von außen zu heiß. Für Fischfilets reicht eine normale, beschichtete Pfanne, in unbeschichteten Pfannen gelingt Fisch nicht gut, er klebt zu sehr an. Wichtig: zwei gute **Pfannenwender** zum Wenden.

Fischbesteck: Fischmesser haben keinen Schliff, sind also nicht scharf. Die Fischgabel hat nur drei Zinken, die etwas breiter und nicht spitz sind. Grund: Mit dem Fischbesteck soll der Fisch gut von der Gräte gelöst werden und beim Essen auf der Gabel nicht auseinanderbrechen. Ist nützlich für alle, die gerne Seezunge oder Wolfsbarsch im Ganzen essen, bei Tintenfisch oder Seeteufel braucht man scharfe Messer und spitze Gabeln, bei Fischfilets ist es egal.

Lachsmesser: Nur mit diesem sehr langen, sehr dünnen und sehr biegsamen Messer lassen sich schöne Scheiben von der Lachsseite schneiden.

Zum Gebrauch
Damit Sie Rezepte mit bestimmten Zutaten noch schneller finden können, stehen in diesem Register zusätzlich auch beliebte Zutaten wie **Dorade** oder **Garnelen** – ebenfalls alphabetisch geordnet und **hervorgehoben** – über den entsprechenden Rezepten.

A

Alaska-Seelachs (Warenkunde) 136
Ananas: Muscheln mit Ananas 133

B

Backfisch mit Spitzkohlsalat 13
Bouillabaisse 79
Bratheringe, Eingelegte 73

C/D/E

Chinakohl: Fischröllchen in Ingwersauce 19
Crabmeat mit Mango 111
Dorade
Dorade (Warenkunde) 135
Dorade im Kräutersud 65
Kartoffeln mit Dorade 99
Eingelegte Bratheringe 73
Erbsen: Fischcurry mit Erbsen 107

F

Fenchel
Muscheln in Fenchelsud 128
Seeteufel auf Fenchel 11
Fisch am Stiel 91
Fisch in Chipshülle 29
Fischcurry mit Erbsen 107
Fischcurry mit Kokoscreme 105
Fischeintopf 41
Fischfilet im Bratbeutel 31
Fischfilet, Paniertes 32
Fischfrikadellen, Kleine 89
Fischgratin mit Nudeln 95
Fischröllchen in Ingwersauce 19
Fish and Chips 87
Fleur de Sel (Tipp) 99
Forelle »blau« 54
Forelle (Warenkunde) 135
Forelle, Gebackene 57
Frittierte Glasnudeln (Tipp) 15
Frittierte Tintenfischringe 121

G

Gamba (Warenkunde) 137
Garnelen
Fischeintopf 41
Garnelen auf Spitzkohl 115
Matjes mit Spargel-Labskaus 77
Warenkunde 137
Gebackene Forelle 57
Gebackene Makrele in Papier 37
Gebratene Makrele mit Dip 69
Gegrillter Zander mit Speck 61
Grätenzange 139
Graved Lax mit Senfsauce 84

H

Hecht
Kräuterhecht aus dem Ofen 59
Warenkunde 135
Hering
Heringe in Salzteig 71
Warenkunde 135

I/J

Ingwer
Fischcurry mit Kokoscreme 105
Fischröllchen in Ingwersauce 19
Lachsforelle mit Ingwer 101
Muscheln mit Ananas 133
Tipp 107
Jakobsmuscheln (Warenkunde) 138

K

Kabeljau
Fischgratin mit Nudeln 95
Kochfisch in Senfsauce 42
Warenkunde 135
Karamellisierte Rotbarben 25
Karpfen
Karpfenfilets in Pfefferteig 51
Warenkunde 135
Kartoffeln
Fisch in Chipshülle 29
Fish and Chips 87
Gegrillter Zander mit Speck 61
Karamellisierte Rotbarben 25
Kartoffeln mit Dorade 99
Kartoffel-Tintenfisch-Pfanne 123
Kartoffelspieße mit Fisch 97
Matjes mit Spargel-Labskaus 77
Muscheln in Tomaten-Weinsud 131
Kaviar: Spargelrisotto mit Kaviar 103
Kleine Fischfrikadellen 89
Kochfisch in Senfsauce 42
Kokosmilch
Fischcurry mit Kokoscreme 105
Muscheln mit Ananas 133
Kräuter
Dorade im Kräutersud 65
Gebratene Makrele mit Dip 69
Heringe in Salzteig 71
Kräuterhecht aus dem Ofen 59
Muscheln mit Korianderdip 127
Seeteufelspieße mit Rosmarin 93
Zanderfilet mit Oregano 47
Zitronen-Räucherlachs 83
Kürbis: Kartoffel-Tintenfisch-Pfanne 123

L

Lachs
Fischgratin mit Nudeln 95
Graved Lax mit Senfsauce 84
Lachs mit Radicchio und Mango 17
Warenkunde 135
Yin-und-Yan-Lachs in Sake 15
Zitronen-Räucherlachs 83
Lachsforelle
Lachsforelle mit Ingwer 101
Lachsforelle mit Spinat 49
Tipp 101
Lengfisch
Fischröllchen in Ingwersauce 19

Kartoffelspieße mit Fisch 97
Ligurischer Tintenfischsalat 125

M

Makrele
Gebackene Makrele in Papier 37
Gebratene Makrele mit Dip 69
Tipp 69
Warenkunde 135
Mango
Crabmeat mit Mango 111
Lachs mit Radicchio und Mango 17
Matjes
Matjes mit Spargel-Labskaus 77
Matjes nach Hausfrauenart 21
Meeräschen aus dem Ofen 67
Meeresfrüchte: Risotto mit Meeresfrüchten 113
Miesmuscheln
Muscheln in Fenchelsud 128
Muscheln in Tomaten-Weinsud 131
Muscheln mit Ananas 133
Muscheln
Muscheln in Fenchelsud 128
Muscheln in Tomaten-Weinsud 131
Muscheln mit Ananas 133
Muscheln mit Korianderdip 127
Tipps 79, 131, 138
Warenkunde 138

O/P

Oregano: Zanderfilet mit Oregano 47
Pangasius (Warenkunde) 137
Paniertes Fischfilet 32
Paprikaschoten: Tintenfischringe mit Paprika 119
Pfefferbeere, Rosa (Tipp) 47
Piment (Tipp) 67
Prawn (Warenkunde) 137

R

Radicchio: Lachs mit Radicchio und Mango 17
Rauke: Kabeljau mit Raukesauce 45
Risotto mit Meeresfrüchten 113
Rosa Pfefferbeeren (Tipp) 47
Rosmarin: Seeteufelspieße mit Rosmarin 93
Rotbarben
Karamellisierte Rotbarben 25
Risotto mit Meeresfrüchten 113
Rotbarbenfiles vom Blech 23

S

Saibling (Warenkunde) 135
Sake
Fish and Chips 87
Lachs mit Thaispargel 81
Yin-und-Yan-Lachs in Sake 15
Salzteig: Heringe in Salzteig 71
Salzwasserfische (Warenkunde) 135
Scampi (Warenkunde) 137
Schellfisch
Schellfisch in Wasabirahm 35
Warenkunde 135
Schlemmerfilet 39
Scholle
Risotto mit Meeresfrüchten 113
Warenkunde 135
Seelachs
Backfisch mit Spitzkohlsalat 13
Fisch am Stiel 91
Fisch in Chipshülle 29
Fischcurry mit Kokoscreme 105
Fischfilet im Bratbeutel 31
Kleine Fischfrikadellen 89
Seelachs mit Mandelkruste 27
Warenkunde 136
Seeteufel
Seeteufel auf Fenchel 11
Seeteufelspieße mit Rosmarin 93
Warenkunde 136
Seezunge
Seezunge mit Wermutsauce 63
Warenkunde 136
Spargel
Matjes mit Spargel-Labskaus 77
Spargelrisotto mit Kaviar 103
Speck
Gegrillter Zander mit Speck 61
Seezunge mit Wermutsauce 63
Spinat: Lachsforelle mit Spinat 49
Spitzkohl
Backfisch mit Spitzkohlsalat 13
Garnelen auf Spitzkohl 115
Sprossen-Wraps 117
Steinbeißer (Warenkunde) 136
Süßwasserfische (Warenkunde) 135

T

Thaispargel
Lachs mit Thaispargel 81
Sprossen-Wraps 117
Tipp 81
Tilapia (Warenkunde) 137
Tintenfisch
Frittierte Tintenfischringe 121
Kartoffel-Tintenfisch-Pfanne 123
Ligurischer Tintenfischsalat 125
Tintenfischringe mit Paprika 119
Warenkunde 136
Tomaten
Fischeintopf 41
Kartoffeln mit Dorade 99
Muscheln in Tomaten-Weinsud 131

V

Venusmuscheln
Muscheln mit Korianderdip 127
Tipp 127

Y/Z

Yin-und-Yan-Lachs in Sake 15
Zander
Gegrillter Zander mit Speck 61
Warenkunde 135
Zanderfilet mit Oregano 47
Zitronen-Räucherlachs 83
Zitronengras (Tipp) 83

Die BRIGITTE-Kochbuch-Edition

ISBN 978-3-8338-1505-8

ISBN 978-3-8338-1506-5

ISBN 978-3-8338-1507-2

ISBN 978-3-8338-1511-9

ISBN 978-3-8338-1512-6

ISBN 978-3-8338-1513-3

NIE WIEDER ZETTELWIRTSCHAFT! Die beliebtesten Rezepte aus der BRIGITTE werden hier vom Kochbuch-Spezialisten GU endlich in einer Edition präsentiert. Rezepte für jeden Anlass, für jede Saison – natürlich mit allen Klassikern und mit vielen Neuheiten. Freuen Sie sich darauf und sammeln Sie mit!

Mehr Kochen war noch nie

ISBN 978-3-8338-1508-9

ISBN 978-3-8338-1510-2

ISBN 978-3-8338-1509-6

ISBN 978-3-8338-1514-0

ISBN 978-3-8338-1515-7

ISBN 978-3-8338-1516-4

KOMPETENT: zwei starke Marken – BRIGITTE und GU – garantieren höchste Qualität und Gelingsicherheit. **WERTVOLL:** schöne Ausstattung mit Lesebändchen. **UNVERWECHSELBAR:** herausragende Gestaltung, auffällig schöne Fotografie. **EMOTIONAL:** das Gute-Laune-Gefühl der BRIGITTE in Buchform.

GU | Brigitte KOCHBUCH-EDITION

IMPRESSUM

Liebe Leserin, lieber Leser,

wir freuen uns, dass Sie sich für ein Buch der Brigitte-Kochbuch-Edition entschieden haben. Mit Ihrem Kauf setzen Sie auf Qualität und Kompetenz zweier starker Marken: Brigitte und GU. Dafür bedanken wir uns bei Ihnen.

Um in Zukunft noch besser auf Ihre Wünsche eingehen zu können, ist uns Ihre Meinung wichtig. Bitte senden Sie uns Ihre Anregungen, Ihre Kritik, Ihr Lob und auch Ihre Fragen zu unseren Büchern. Wir freuen uns auf Ihre Nachricht!

GRÄFE UND UNZER VERLAG
Leserservice
Postfach 86 03 13
81630 München

Montag – Donnerstag: 8.00 – 18.00 Uhr
Freitag: 8.00 – 16.00 Uhr
Tel: 0180-5 00 50 54*
Fax: 0180-5 01 20 54*
E-Mail: leserservice@graefe-und-unzer.de

*(0,14 €/Min. aus dem dt. Festnetz/ Mobilfunkpreise können abweichen.)

BRIGITTE
Leserservice
Tel: 040-370 30
Fax: 040-37 03 56 34
E-mail: infoline@brigitte.de

Chefredakteur BRIGITTE Andreas Lebert
Programmleitung GU Doris Birk
Projektleitung und Rezeptauswahl Burgunde Uhlig (BRIGITTE), Birgit Rademacker (GU)
Texte Katja Jührend (BRIGITTE)
Rezeptbearbeitung Frauke Prien (BRIGITTE)
Lektorat Maryna Zimdars
Korrektorat Mischa Gallé
Layout, Typografie und Umschlaggestaltung independent Medien-Design, München
Satz Uhl + Massopust, Aalen
Herstellung Petra Roth
Reproduktion Longo AG, Bozen
Druck und Bindung Mohn media, Gütersloh

ISBN 978-3-8338-1509-6

1. Auflage 2008

Rezepte, Produktion und Foodstyling
BRIGITTE-KOCHRESSORT

Bildnachweis
Fotografie Thomas Neckermann
Seite 108 Jan Brettschneider
Seite 134, 135, 136 Deutsche See
Seite 8, 52 Fotos mit Geschmack
Seite 30 Ulrike Holsten
Seite 76 Michael Holz
Seite 26 Maike Jessen
Seite 134 oben rechts, 137, 138 Foodstudio Teubner
Seite 64 Klaus Willenbrock
Seite 96, 98 Götz Wrage

Titel
Foto Ulrike Holsten
Assistenz Ulrike Kallweit
Styling Dietlind Wolf
Foodstyling Nicole Müller-Reymann

Brigitte

GRÄFE UND UNZER
Ein Unternehmen der GANSKE VERLAGSGRUPPE